語根で覚える英単語

語源によるラクラク英単語記憶法

東 信行・池田 和夫 [監修]　研究社辞書編集部 [編]
David P. Dutcher [校閲]

LABOR　CEASE　FIN　DUCE　SCRIPT　BIO　PRESS
CAP　JOURN　SCRIBE
PRINT　RIV　PROVE　AUTO　LECT
HOST　JECT　FACT　DICT

研究社

まえがき

　高校生から社会人までを対象に「効率よく単語が覚えられる本」の出版をめざして企画されたのが本書です．
　本書の企画には小社発行の『ライトハウス英和辞典』が深く関わっていることに触れないわけにはいきません．
　『ライトハウス英和辞典』の特色の1つである「単語の記憶」というコラム記事が最初に辞典に掲載されたのは1990年のことでした．
　「単語の記憶」は，一例を挙げれば river, rival, arrive, derive の共通する語の要素である語根 riv を持つ語を一箇所に集めてコラムにしたもので，少数の語根を覚えることで多くの英単語を一気に記憶することが出来るのがメリットです．この特色は辞典の一般使用者ばかりではなく，高校現場でも大変ご好評をいただきました．
　本書は辞典に掲載されていた「単語の記憶」59項目の原稿を実際にご執筆いただいた池田和夫先生に新たに45項目をご加筆いただき，それを編集したものです．
　監修者の東信行先生には『ライトハウス英和辞典』の編者の代表として本書の全体をご検討いただきました．語源欄については特に詳しくご校閲いただきました．これにより本書が語源に関しては類書に比べ極めて正確な情報を読者の皆さんにお伝えすることが出来るようになりました．
　池田和夫先生は監修者として原稿の執筆段階から最後の校正まで綿密に内容を吟味され，ご尽力くださいました．これにより本書で繰り返し語根を覚えれば皆さんのボキャブラリーが格段に増えることでしょう．
　デイビッド・P・ダッチャー先生には主な見出し語についている例文と訳語のご校閲をお願いしました．これにより本書が単語の記憶に役立つ正確な例文を皆さんにご提供できることとなりました．
　東先生，池田先生，ダッチャー先生には心より感謝申し上げます．
　最後に，本書の刊行に際して関係者は遺漏のないように努めたつもりでありますが，なお不備な点がございましたならば，皆様の忌憚のないご意見・ご批判を賜れば幸いです．

2008年7月

　　　　　　　　　　　　　　　　　　　　　　　　　　　　研究社辞書編集部

本書の効果的な利用法

　本書では英単語を接頭辞・語根・接尾辞などに分解し，それらの部分の意味を再統合することによってその単語の意味を解説するという方法をとっています．英単語の約 70 パーセントはラテン語などの他の言語に由来すると言われていますが，それらの単語の中にはこのような部分に分解することができるものが多く含まれています．例えば，

　　autobiography は ＜**auto**（自分）＋ **bio**（生涯）＋ **graphy**（記録）＞ で，
　　（自分の生涯の記録）という意味から「自叙伝」，
　　department は ＜**de**（離れて）＋ **part**（部分）＋ **ment**（もの）＞ で，
　　（部分に分けられたもの）から「部門」という意味になるといった具合です．

　これはちょうど日本語の漢字が「偏」や「つくり」などから構成されているのと似ていますね．「木」と「反る」から「板」が，「木」と「古い」から「枯れる」という漢字ができています．

---

port（運ぶ）= carry

①	**ex**port	（外へ運び出す）	
		→輸出（する）	
②	**im**port	（中へ運び入れる）	
		→輸入（する）	
③	**re**port	（運び戻す）→報告する	
④	**s**port	（仕事から人を遠ざける）	
		→スポーツ	
⑤	**sup**port	（下から運び上げる）→支える	
⑥	**trans**port	（他の場所に運ぶ）→輸送（する）	
⑦	**port**able	（持ち運びできる）→携帯用の	
⑧	**port**er	（運ぶ人）→ポーター	

荷物を運ぶ人（porter）

　本書では上記の port の例のように同じ語根を含む単語を一か所にまとめ，基本的な単語は囲みの中にやさしいものから順に①②③…と番号をつけて示しました．各単語の意味は赤字にしてありますので，付属の赤色シートで隠し

ながら語源の解説から，その語の本来の意味，中心的な意味を推測してみてください．

このようにして語根が共通する複数の単語を互いに関連づけてまとめて覚えることができます．そしてこれらの単語は**[例文・派生語]**の欄に同じ番号をつけて詳しく解説してあります．単語はいくつかの意味を持つ語（多義語）であっても，その単語の源から現在使われている意味と関連させながら覚えていくことによって理解しやすくなり，その語全体のイメージもわき，長期間にわたって記憶に残るでしょう．

単語の意味は時代や地域などによって変化していますが，単語はコンテクストの中で生きています．つまり話し言葉では前後の状況があり，書き言葉では文脈があります．本書では例文とその訳文を示し，例文中の該当語は太字に，日本語訳中の語義は赤字にしてありますので，赤色シートで隠しながら例文を手掛かりにその単語の意味を推測してみてください．

① **export** /ɪkspɔ́ɚt/ ＜ ex（外へ）＋ port（運ぶ）＞

動 輸出する：Japan imports raw materials and **exports** manufactured goods. 日本は原料を輸入し加工品を輸出する．

── **名** /ékspɔɚt/ 輸出；輸出品：the **export** of automobiles 自動車の輸出．
export**er** /ɪkspɔ́ɚtɚ/ **名** 輸出業者，輸出国．export**ation** /èkspɔɚtéɪʃən/ **名** 輸出．

例文の後にはその単語から派生した語が載せてありますので，一緒に覚えるとさらに語彙力が増強されます．

使用頻度の低い単語，難解な単語は**[その他の同語源の語]**としてページの最後に囲みとしてまとめてあります．基本的な単語が理解できた段階で，これらの単語に取り組むことをお勧めします．

その他の同語源の

⑨ **port** /pɔ́ɚt/ **名** 港．
⑩ **opport**unity /ɑ̀pɚt(j)úːnəti/ **名** 機会，チャンス（←港の方へ行くこと）．
⑪ de**port** /dɪpɔ́ɚt/ **動** （不法滞在者）を国外に追放する（←…から運ぶ）．
⑫ pur**port** /pɚ(ː)pɔ́ɚt/ **動** （…である）と言う，主張する（←前に運ぶ）．

本書では約 100 の語根から約 1,000 の単語に発展し，さらに派生語を含めると約 1,700 の単語に発展するようになっています．このように語根が共通

する単語をまとめて覚えることは，単語の意味ばかりでなく綴りの記憶にも役立ちます．また日常的な語よりも特に長くて難解な単語を覚える場合に効果を発揮するでしょう．さらに未知の単語の意味を推測するときにも役立ちます．

　読者の皆さんが本書を通じて単語の学習に興味を持たれ，語彙力を増強することにより英語力が一層向上することを期待しています．

もくじ

まえがき……………………………………………………………………… iii
本書の効果的な利用法……………………………………………………… iv

本文
本書で使用している略号と記号の使い方………………………………… 1
001　**act**（行動する）…………………………………………………… 2
002　**aster**（星）………………………………………………………… 4
003　**auto**（自ら）……………………………………………………… 6
004　**bio**（生命）………………………………………………………… 7
005　**cap**（頭）…………………………………………………………… 8
006　**cap**（つかむ）…………………………………………………… 9
007　**cease**（行く）…………………………………………………… 10
008　**cess**（行く）……………………………………………………… 11
009　**cede**（行く）……………………………………………………… 12
010　**ceed**（行く）……………………………………………………… 13
011　**ceive**（取る）…………………………………………………… 14
012　**cept**（取る）……………………………………………………… 15
013　**cent**（100）……………………………………………………… 16
014　**circ**（環）………………………………………………………… 18
015　**close**（閉じる）………………………………………………… 20
016　**clude**（閉じる）………………………………………………… 21
017　**cord**（心）………………………………………………………… 22
018　**cur**（走る）……………………………………………………… 24
019　**cure**（注意）……………………………………………………… 26
020　**dict**（言う）……………………………………………………… 28
021　**duce**（導く）……………………………………………………… 30
022　**duct**（導く）……………………………………………………… 32
023　**fact**（作る）……………………………………………………… 34
024　**fect**（作る）……………………………………………………… 36
025　**fer**（運ぶ）……………………………………………………… 38
026　**fic**（作る）………………………………………………………… 40
027　**fin**（終わり）…………………………………………………… 42

028	**flu**（流れる）	44
029	**form**（形）	46
030	**fuse**（注ぐ）	48
031	**gen**（生む）	50
032	**grade**（段階）	52
033	**gram**（書いたもの）	53
034	**graph**（書くこと）	54
035	**gress**（進む）	56
036	**hap**（偶然）	58
037	**hos*t***（客）	59
038	**ject**（投げる）	60
039	**journ**（日）	62
040	**labor**（労働）	63
041	**lect**（選ぶ、集める）	64
042	**magni**（大きい）	66
043	**maj**（大きい）	67
044	**man*u***（手）	68
045	**medi**（中間）	70
046	**meter**（計る）	72
047	**min*i***（小さい）	74
048	**mir**（驚く）	76
049	**mis**（送られる）	77
050	**mit**（送る）	78
051	**mot**（動かす）	80
052	**mount**（(山に)登る）	82
053	**part**（部分）	84
054	**pass**（通る）	86
055	**ped**（足）	88
056	**pel**（駆り立てる）	89
057	**pend**（ぶら下がる）	90
058	**pens*e***（重さを量る）	92
059	**ple**（折りたたむ）	94
060	**pli**（折りたたむ）	96
061	**ply**（折りたたむ）	97
062	**plo*y***（折りたたむ）	98

063	**point**（点）	100
064	**polic**（都市）	101
065	**port**（運ぶ）	102
066	**pose**（置く）	104
067	**press**（押す）	106
068	**print**（押す）	108
069	**prince**（1番目の）	110
070	**prove**（証明する）	111
071	**rect**（真っすぐな）	112
072	**riv**（川岸）	114
073	**rupt**（破れた）	116
074	**sal**（塩）	118
075	**scribe**（書く）	120
076	**script**（書かれた）	122
077	**sense**（感じる）	124
078	**sent**（感じる）	126
079	**sent**（存在する）	128
080	**sign**（印）	130
081	**sist**（立つ）	132
082	**spect**（見る）	134
083	**sta**（立つ）	136
084	**stance**（立っていること）	138
085	**stant**（立っている）	139
086	**stitute**（立てた）	140
087	**struct**（築く）	142
088	**sume**（取る）	144
089	**tain**（保つ）	146
090	**tend**（広げる）	148
091	**term**（限界）	150
092	**test**（証言する）	152
093	**text**（織られた）	153
094	**tort**（ねじる）	154
095	**tract**（引く）	156
096	**tri**（3つ）	158
097	**tribute**（割り当てる）	159

098	**uni**（1つ）	160
099	**vent**（来る）	162
100	**verse**（向く）	164
101	**vert**（向ける）	166
102	**vis**（見る）	168
103	**viv**（生きる）	170
104	**volve**（回る）	171
索引		172

本書で使用している略号と記号の使い方

略号
名 名詞　**動** 動詞　**形** 形容詞　**副** 副詞
前 前置詞　**接** 接続詞　**感** 感嘆詞
《英》 英国用法　　《米》 米国用法

記号の使い方
/ /　　　発音記号が入る．本書では主にアメリカ発音を使用している．
[ ]　　　言い換えを表わす．
〖 〗　　専門語の分野名が入る．
< >　　　語源の説明が入る．
⇄　　　 語義の変化を示す．
⇔　　　 反意語を表わす．
☞　　　 「参照せよ」という意味．
＊　　　 「参考となる説明」という意味．

act (行動する)

①	**act**	行動する；行為
②	**act**ual	（行動を伴う）→実際の
③	**act**or	（劇を行なう人）→俳優
④	ex**act**	（外に追い出された，完全に行なわれた）→正確な
⑤	re**act**	（応えて行動する）→反応する
⑥	inter**act**	（互いに行なう）→相互に作用する
⑦	en**act**	（法律にする）→制定する

俳 優 (actor)

例文・派生語

① **act** /ǽkt/

名 行為；法令；幕：The soldiers performed many cruel **acts**. 兵士たちは多くの残虐行為を行った.
— **動** 行動する；作用する；演じる：We must **act** at once to stop global warming. 我々は地球温暖化を食い止めるために直ちに行動しなければならない.
action /ǽkʃən/ **名** 行動，行為.
active /ǽktɪv/ **形** 活動的な，活動中の．（⇔ in**act**ive **形** 不活発な）
activity /æktívəti/ **名** 活動． **act**ivist /ǽktɪvɪst/ **名** 活動家．
acting /ǽktɪŋ/ **形** 代理の，臨時の；**名** 演技.

② **act**ual /ǽktʃuəl/ ＜ act (行動) ＋ al (…に関する) ＞

形 実際の，現実の：Can it stand the test of **actual** use? それは実際の使用という試練に耐えられるだろうか.
actuality /æ̀ktʃuǽləti/ **名** 現実(性)，実情． **act**ually /ǽktʃuəli/ **副** 実際に；実は.

③ **act**or /ǽktər/ ＜ act (行動する) ＋ or (人) ＞

名 俳優：The **actor** gave a magnificent performance. その俳優は見事な演技を見せた.
actress /ǽktrəs/ **名** 女優.

＊現在では男女共に actor を用いることが多い．

④ **exact** /ɪgzǽkt/ ＜ex（外に）＋ act（追い出す）＞
形 正確な；まさにその：The **exact** number of victims is not known yet. 被災者の正確な数はまだ分かっていない．（⇔ **inexact** 形 不正確な）
exact**itude** /ɪgzǽktət(j)ùːd/ 名 正確さ．
exact**ly** /ɪgzǽk(t)li/ 副 正確に；そのとおり．

⑤ **react** /riǽkt/ ＜re（応えて）＋ act（行動する）＞
動 反応する，対応する；反発する：We must keep in mind how to **react** in an emergency. 緊急の場合にどう反応するか心に留めておかなければならない．
react**ion** /riǽkʃən/ 名 反応；反発．
react**ionary** /riǽkʃənèri/ 形 反動的な．

⑥ **interact** /ìntərǽkt/ ＜inter（相互に）＋ act（行動する）＞
動 相互に作用する，影響し合う；交流する：Children learn by **interacting** with one another. 子供は互いに影響し合いながら学ぶ．
interact**ion** /ìntərǽkʃən/ 名 相互作用．
interact**ive** /ìntərǽktɪv/ 形 相互に作用し合う；双方向性の．

⑦ **enact** /ɪnǽkt/ ＜en（…にする）＋ act（法律）＞
動 制定する：The Diet has **enacted** a new law. 国会は新しい法律を制定した．
enact**ment** /ɪnǽktmənt/ 名 制定；法令．

その他の同語源の語

⑧ counter**act** /kàʊntərǽkt/ 動（薬）を中和する（←対抗して行なう）．
counter**action** /kàʊntərǽkʃən/ 名 中和；反作用．
⑨ **act**ivate /ǽktəvèɪt/ 動 作動させる（←行動を起こさせる）．
⑩ trans**act** /trænzǽkt/ 動（取り引き）を行なう（←やり取りする）．
trans**action** /trænzǽkʃən/ 名 業務；処理．

aster (星) = star

① dis**aster** （星の位置の悪いこと）
　　　　　　　→大災害
② **astro**nomy （星の法則の学問）
　　　　　　　→天文学
③ **astro**naut （宇宙を航行する人）
　　　　　　　→宇宙飛行士
④ **astro**logy （星の学問）→占星術

宇宙飛行士（astronaut）

例文・派生語

① **disaster** /dɪzǽstɚ/ ＜ dis（離れて）＋ aster（星）＞

名 大災害： Earthquakes and floods are natural **disasters**. 地震や洪水は自然災害である．
disast**rous** /dɪzǽstrəs/ 形 大災害をもたらす；悲惨な．

② **astronomy** /əstrάnəmi/ ＜ astro（星）＋ nomy（法則）＞

名 天文学： He made a wonderful discovery in **astronomy**. 彼は天文学上の大発見をした．
astronom**ical** /æ̀strənάmɪk(ə)l/ 形 天文学的な．
astronom**er** /əstrάnəmɚ/ 名 天文学者．

③ **astronaut** /ǽstrənɔ̀ːt/ ＜ astro（星）＋ naut（船員）＞

名 宇宙飛行士： The US succeeded in sending **astronauts** to the moon. 米国は宇宙飛行士を月へ送ることに成功した．

④ **astrology** /əstrάlədʒi/ ＜ astro（星）＋ logy（…学）＞

名 占星術． **Astrology** is the parent of modern astronomy. 占星術は現代の天文学のもとになっている．
astrolog**ical** /æ̀strəlάdʒɪk(ə)l/ 形 占星術の．
astrolog**er** /əstrάlədʒɚ/ 名 占星術師．

その他の同語源の語

⑤ **aster**oid /ǽstərɔ̀ɪd/ 名 小惑星（←星のようなもの）．
⑥ **aster**isk /ǽstərìsk/ 名 星印, アスタリスク（＊）．
⑦ con**stell**ation /kɑ̀nstəléɪʃən/ 名 星座（←星が一緒になったもの）．
⑧ **stell**ar /stélɚ/ 形 星の．
⑨ inter**stell**ar /ìntɚːstélɚ/ 形 星と星との間の, 恒星間の．
⑩ con**sider** /kənsídɚ/ 動 よく考える, 思う（←星をよく調べる）．
consider**ation** /kənsìdəréɪʃən/ 名 熟慮, 考慮；思いやり．
consider**ate** /kənsídərət/ 形 思いやりのある．
consider**able** /kənsídərəbl/ 形 かなりの．
consider**ably** /kənsídərəbli/ 副 相当．
consider**ing** /kənsídərɪŋ/ 前 …を考えると；接 …であることを考えると．
⑪ **sider**eal /saɪdí(ə)riəl/ 形 星の, 恒星の, 星座の．
⑫ de**sire** /dɪzáɪɚ/ 名 願望；動 願う, 望む（←星から離れてその出現を待つ）．
desi**rable** /dɪzáɪ(ə)rəbl/ 形 望ましい．（⇔ **un**desirable 形 望ましくない）

auto（自ら）

① **auto**mobile （自ら動くことができるもの）→自動車
② **auto**matic （自ら動く）→自動の
③ **auto**mation （自ら動くこと）→オートメーション
④ **auto**nomy （自らの法）→自治

例文・派生語

① **automobile** /ɔ́ːtəmɔ̀ːl/ ＜ auto（自ら）＋ mob（動く）＋ ile（…できる）＞
名 自動車： The company exports 60% of the **automobiles** it produces. この会社は生産する自動車の 60 パーセントを輸出する．

② **automatic** /ɔ̀ːtəmǽtɪk/ ＜ auto（自ら）＋ mat（動く）＋ ic（…ような）＞
形 自動の，自動的な： This washing machine is fully **automatic**. この洗濯機は全自動だ． ── **名** オートマチック車；自動拳銃

③ **automation** /ɔ̀ːtəméɪʃən/ ＜ automatic（自動の）＋ operation（操作）＞
名 オートメーション，自動化： Office **automation** meant the loss of some office workers' jobs. 事務処理の自動化に伴って仕事がなくなる社員がでてきた．
automate /ɔ́ːtəmèɪt/ **動** オートメーション［自動］化する．

④ **autonomy** /ɔːtánəmi/ ＜ auto（自ら）＋ nomy（…法）＞
名 自治，自治権： They fought for **autonomy** from the central government. 彼らは中央政府からの自治権を求めて戦った

その他の同語源の語

⑤ **auto** /ɔ́ːtoʊ/ **名** 自動車（← automobile の短縮形；☞ mot の項）．
⑥ **auto**biography /ɔ̀ːtəbaɪágrəfi/ **名** 自叙伝，自分史（←自分の生涯の記録）．
⑦ **auto**graph /ɔ́ːtəɡræf/ **名** サイン（←自分で書いたもの；☞ graph の項）．
⑧ **auto**crat /ɔ́ːtəkræt/ **名** 専制君主，独裁者（←自ら政治を支配する人）．

bio（生命）= life

① **bio**logy （生命の学問）→生物学
② anti**bio**tic （生命に対抗する）
　　　　　　　　→抗生物質
③ amphi**bio**us 水陸両生の

水陸両生の（amphibious）

例文・派生語

① **biology** /baɪálədʒi/ ＜ bio（生命）＋ logy（…学）＞

名 生物学：**Biology** is the science of living things. 生物学とは生きているものを研究する学問である．
biolog**ical** /bàɪəládʒɪk(ə)l/ 形 生物学（上）の． biolog**ist** /baɪálədʒɪst/ 名 生物学者．

② **antibiotic** /æ̀ntɪbaɪátɪk/ ＜ anti（…に対抗する）＋ bio（生命）＋ ic（…の）＞

名 抗生物質：Patients take **antibiotics** to ward off infection following surgery. 患者は手術の後，感染症を防ぐために抗生物質を服用する．

③ **amphibious** /æmfíbiəs/ ＜ amphi（両方の）＋ bio（生命）＋ ous（…の）＞

形 （水陸）両生の；水陸両用の；陸海軍共同の：an **amphibious** vehicle 水陸両用車．

その他の同語源の

④ **bio**graphy /baɪágrəfi/ 名 伝記（←生涯の記録；☞ graph の項）．
　 biograph**er** /baɪágrəfə/ 名 伝記作者．
⑤ auto**bio**graphy /ɔ̀ːtəbaɪágrəfi/ 名 自叙伝，自分史（←自分の生涯の記録）．
⑥ **bio**sphere /báɪousfɪə/ 名 生物圏（←生物の生存範囲）．
⑦ **bio**technology /bàɪouteknálədʒi/ 名 バイオテクノロジー，生物工学．
⑧ **bio**chemistry /bàɪoukémɪstri/ 名 生化学．
⑨ **bio**rhythm /báɪourìðm/ 名 バイオリズム，生物学的リズム．
⑩ **micro**be /máɪkroub/ 名 微生物，細菌．

cap (頭) = head

① **cap** （頭にかぶるもの）→帽子
② **cap**ital （頭に立つ）→首都
③ **cap**tain （頭(かしら)）→船長
④ **cap**e （先頭→先端）→岬

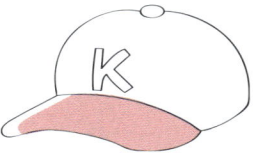

例文・派生語

① cap /kǽp/

名 帽子；ふた，キャップ：He took off his **cap**. 彼は帽子を取った．
— **動** ふたをする；頂上(おお)を覆う：Snow **capped** the mountains. 雪が山々の頂上を覆っていた．

② capital /kǽpətl/ ＜cap (頭) + al (…に関する)＞

名 首都；大文字；資本：What is the **capital** of China? 中国の首都はどこですか．
— **形** 大文字の；最も重要な；資本の：Start a sentence with a **capital** letter. 文の書き始めは大文字にしなさい．
capitalize /kǽpətəlàɪz/ **動** 大文字で書く．**capital**ism /kǽpətəlɪzm/ **名** 資本主義．
capitalist /kǽpətəlɪst/ **名** 資本主義者．**capital**istic /kæpətəlístɪk/ **形** 資本主義的な．

③ captain /kǽptən/

名 船長；キャプテン；大佐：He is the **captain** of a large ship. 彼は大型船の船長だ．

④ cape /kéɪp/

名 岬：The **cape** extends a long way into the ocean. 岬は海に長く突き出ている．

その他の同語源の 語

⑤ **chap**ter /tʃǽptər/ **名** (本・論文の)章(←部分←小さい頭)
⑥ **cap**size /kǽpsaɪz/ **動** (船を)ひっくり返す(←頭を沈める)．
⑦ de**cap**itate /dɪkǽpətèɪt/ **動** 断頭する(←頭を切り離す)．

語根で覚える英単語

cap（つかむ）= take

① **cap**able　（つかむことができる）
　　　　　　→能力がある
② **cap**acity　（受け入れること）→収容力
③ **cap**tion　（取り出すこと）→キャプション
④ **cap**ture　（つかむこと）→捕える
⑤ **cap**tive　（つかまれた）→捕虜の

（強盗を）捕える（capture）

① **capable** /kéɪpəbl/ ＜cap（つかむ）+ able（…できる）＞

形 能力がある；できる；有能な：He is hardly **capable** of managing a company. 彼には会社を経営する能力はない．（⇔ **in**capable 形 …できない）
capabil**ity** /kèɪpəbíləti/ 名 能力，力量．

② **capacity** /kəpǽsəti/ ＜cap（つかむ）+ acity（…できること）＞

名 収容力；能力：This hall has a seating **capacity** of 900. このホールは900人の収容力がある．（⇔ **in**capacity 名 無能，無力）

③ **caption** /kǽpʃən/ ＜cap（つかむ）+ tion（こと）＞

名 キャプション，説明，見出し：The picture bore the **caption**, "The rain in Spain." 写真には「スペインの雨」とキャプションがついていた．

④ **capture** /kǽptʃɚ/ ＜cap（つかむ）+ ure（こと）＞

動 捕える；攻め取る：The policeman **captured** the robber. 警官はその強盗を捕えた．── 名 捕獲．

⑤ **captive** /kǽptɪv/

形 捕虜の，捕らわれた：the **captive** soldiers 捕虜の兵士たち．── 名 捕虜．
captiv**ity** /kæptívəti/ 名 捕らわれ（の身）．

9

cease（行く）= go

① cease （行く→去る）→やめる
② deceased （この世を去る）
　　　→亡くなった

彼女の亡くなった友人▶
（her deceased friend）

例文・派生語

① cease /síːs/

動 やめる，中止する；やむ：The armies **ceased** their fire. 軍隊は砲火をやめた．
cessation / seséɪʃən/ **名** 中止，休止．
cease-fire / síːsfàɪɚ/ **名** 停戦（命令）．
ceaseless / síːsləs/ **形** 絶え間のない．

② deceased /dɪsíːst/ ＜ de（離れて）＋ cease（行く）＋ ed（…した）＞

名 亡くなった：She is grieving over her recently **deceased** friend. 彼女は最近亡くなった友人のことを悲しんでいる．

cess（行く）= go

① ac**cess** （…に行くこと）→アクセス
② ac**cess**ory （…に付くもの）→アクセサリー
③ ne**cess**ary （譲れない）→なくてはならない
④ prede**cess**or （前に引退した人）→前任者
⑤ an**ces**tor （先に行く人）→先祖

アクセサリー

例文・派生語

① **access** /ǽkses/ ＜ ac（= ad …に）+ cess（行く）＞
名 アクセス，交通の便：The train provides easy **access** to the airport. その列車のおかげで空港へのアクセスが容易である．
accessible /əksésəbl/ 形 近づきやすい．**access**ion /əkséʃən/ 名 即位；加盟．

② **accessory** /əksés(ə)ri/ ＜ ac（= ad …に）+ cess（行く）+ ory（もの）＞
名 アクセサリー，付属物[品]：She wore a blue dress with gorgeous **accessories**. 彼女は青のドレスと豪華なアクセサリーを身につけていた．

③ **necessary** /nésəsèri/ ＜ ne（…ない）+ cess（行く，引き下がる）+ ary（…の）＞
形 必要な，なくてはならない：Food is **necessary** for life. 食べ物は生きるために必要である．（⇔ un**necessary** 形 不必要な，無用の）
necessarily /nèsəsérəli/ 副 [not とともに]必ずしも…ではない；必然的に．

④ **predecessor** /prédəsèsɚ/ ＜ pre（前に）+ de（離れて）+ cess（行く）+ or（人）＞
名 前任者，前身：I want to further extend the fine work done by my **predecessor**. 私は前任者が行ったすばらしい事業をさらに拡張したい．

⑤ **ancestor** /ǽnsestɚ/ ＜ an（先に）+ ces（行く）+ tor（=or 人）＞
名 先祖，祖先：Do you know where the **ancestors** of the Japanese came from? 日本人の祖先はどこから来たのか知っていますか．
ancestral /ænséstrəl/ 形 先祖（伝来）の．**ances**try /ǽnsestri/ 名 先祖《全体》．

cede (行く) = go

① **con**cede （共に行く）→ 認める
② **pre**cede （先に行く）→ …より先に行く
③ **re**cede （後ろへ行く）→ 後退する

髪の生え際が ▶
後退する (recede)

例文・派生語

① concede /kənsíːd/ ＜ con (共に) + cede (行く) ＞

動 認める： He **conceded** that he was wrong. 彼は自分が間違っていると認めた.
conce**ssion** /kənséʃən/ **名** 譲歩, 譲与.

② precede /prɪsíːd/ ＜ pre (先に) + cede (行く) ＞

動 …より先に行く, …より先に来る： The dinner party was **preceded** by a short speech. ディナーに先立って短いスピーチがあった.
preced**ence** /présədəns/ **名** 先立つこと, 上位.
preced**ent** /présədənt/ **名** 先例, 前例.
unpreced**ented** /ʌnprésədèntɪd/ **形** 前例のない. preced**ing** /prɪsíːdɪŋ/ **形** 前の.

③ recede /rɪsíːd/ ＜ re (後ろに) + cede (行く) ＞

動 後退する, 遠ざかる： My hairline started to **recede**. 髪の生え際が後退しだした.
rece**ssion** /rɪséʃən/ **名** 一時的な後退. rece**ss** /ríːses/ **名** 休み時間, 休憩.

その他の同語源の語

④ **cede** /síːd/ **動** 譲り渡す, 引き渡す.
⑤ se**cede** /sɪsíːd/ **動** 脱退する, 分離する (←離れて行く).
⑥ ac**cede** /əksíːd/ **動** …に同意する, 応じる (←…に行く).
⑦ ante**cede**nt /æntəsíːdənt/ **名** 前例, 先行者；先行詞 (←前に行くもの).
⑧ inter**cede** /ìntə·síːd/ **動** 仲裁する (←間に入って行く).

ceed（行く）= go

① pro**ceed** （前に行く）→続ける
② suc**ceed** （次に行く）→…の後に続く
③ ex**ceed** （外に行く）→越える

前に行く▶

例文・派生語

① **proceed** /proʊsíːd/ ＜ pro（前に）＋ ceed（行く）＞

動 続ける；進む：He **proceeded** with his speech. 彼は演説を続けた.
pro**ce**ss /prάses/ 名 過程；製法.
pro**ce**ssion /prəséʃən/ 名 行列；行進.
pro**ce**dure /prəsíːdʒɚ/ 名 手続き. pro**ce**ssor /prάsesɚ/ 名 (中央)処理装置.
pro**ceed**ings /proʊsíːdɪŋz/ 名 (一連の)出来事；訴訟手続き.

② **succeed** /səksíːd/ ＜ suc（= sub 下に）＋ ceed（行く）＞

動 成功する；…の跡を継ぐ；…の後に続く：He **succeeded** in developing a new drug. 彼は新薬の開発に成功した / Mr. Bush **succeeded** Mr. Clinton as President. ブッシュ氏が大統領としてクリントン氏の跡を継いだ.
suc**ce**ss /səksés/ 名 成功，合格.
suc**ce**ssful /səksésf(ə)l/ 形 成功した，うまくいった，合格した.
suc**ce**ssfully /səksésfəli/ 副 首尾よく，うまく.
suc**ce**ssion /səkséʃən/ 名 連続(するもの)；継承(権).
suc**ce**ssive /səksésɪv/ 形 連続する. suc**ce**ssor /səksésɚ/ 名 後継者，後任.

③ **exceed** /ɪksíːd/ ＜ ex（外に）＋ ceed（行く）＞

動 越える，…より大きい[多い]：His success **exceeded** our expectations. 彼の成功は我々の期待を越えるものであった。
ex**ce**ss /ɪksés/ 名 超過(分)；形 /ékses/ 超過の.
ex**ce**ssive /ɪksésɪv/ 形 過度の，多すぎる.
ex**ceed**ingly /ɪksíːdɪŋli/ 副 非常に，きわめて.

ceive (取る) = take

① receive (取り戻す) →受け取る
② conceive (すっかり取る) →心に抱く
③ perceive (完全につかむ) →わかる
④ deceive (わなにかける) →だます

受話器 (receiver)

例文・派生語

① receive /rɪsíːv/ ＜ re (元に) ＋ ceive (取る) ＞
動 受け取る: I **received** your letter yesterday. お手紙を昨日受け取りました.
receipt /rɪsíːt/ **名** 領収書. reception /rɪsépʃən/ **名** 歓迎会；評判；歓迎.
receptive /rɪséptɪv/ **形** よく受け入れる. receiver /rɪsíːvɚ/ **名** 受話器, 受信機.
receptionist /rɪsépʃ(ə)nɪst/ **名** 受付係, フロント.

② conceive /kənsíːv/ ＜ con (すっかり) ＋ ceive (取る) ＞
動 心に抱く；想像する: **conceive** a deep hatred 深い憎しみを抱く.
conception /kənsépʃən/ **名** 概念, 認識. conceivable /kənsíːvəbl/ **形** 考えられる.

③ perceive /pɚsíːv/ ＜ per (完全に) ＋ ceive (取る) ＞
動 わかる；気づく, 知覚する: When I read her letter, I **perceived** her as reliable.
私は彼女の手紙を読んでみて彼女が信頼できる人だとわかった.
perception /pɚsépʃən/ **名** 知覚, 認識. perceptive /pɚséptɪv/ **形** 知覚の鋭い.
perceptible /pɚséptəbl/ **形** 知覚できる. (⇔ **im**perceptible **形** 知覚不能な)

④ deceive /dɪsíːv/ ＜ de (…から) ＋ ceive (取る) ＞
動 だます: They **deceived** me into believing that they would help me. 彼らは私をだまし, 助けてくれるものと信じ込ませた.
deceit /dɪsíːt/ **名** 欺くこと, 詐欺 (行為). deceitful /dɪsíːtf(ə)l/ **形** ごまかしの.
deception /dɪsépʃən/ **名** だますこと. deceptive /dɪséptɪv/ **形** 人を欺くような.

cept（取る）= take

① ac**cept**（自分の方へ取る）→受け入れる
② ex**cept**（外に取り出された）→…以外は
③ con**cept**（心でしっかりつかまれたもの）
　　　　→概念

レシピ（recipe）

例文・派生語

① **accept** /əksépt/ ＜ ac (= ad …の方へ) + cept (取る)＞

動 受け入れる；容認する：She readily **accepted** John's proposal. 彼女はジョンのプロポーズを喜んで受け入れた.
accept**ance** /əkséptəns/ 名 受諾．　accept**able** /əkséptəbl/ 形 好ましい．

② **except** /ɪksépt/ ＜ ex (外へ) + cept (取る)＞

前 …以外は，…を除いて：He works every day **except** Sunday. 彼は日曜日以外は毎日働いている.
except**ion** /ɪksépʃən/ 名 例外．
except**ional** /ɪksépʃ(ə)nəl/ 形 特別に優れた．

③ **concept** /kánsept/ ＜ con (すっかり) + cept (取る)＞

名 概念：grasp the basic **concepts** of the law 法の基本概念を理解する.

その他の同語源の語

④ inter**cept** /ìntɚsépt/ 動 横取りする；さえぎる(←間に入って取る).
⑤ sus**cept**ible /səséptəbl/ 形 受けやすい；感じやすい(←受け入れやすい).
⑥ pre**cept** /príːsept/ 名 教訓，戒め(←前もって受け取られたもの).
⑦ anti**cip**ate /æntísəpèɪt/ 動 予期する(←先取りする).
⑧ parti**cip**ate /pɚtísəpèɪt/ 動 参加する(←部分を取る).
⑨ re**cip**e /résəpìː/ 名 調理法，レシピ(←受け取れ).

cent (100) = hundred

① **cent** （1ドルの100分の1）→セント
② **cent**ury （100年）→ 1世紀
③ per**cent** （100につき）→パーセント
④ **centi**meter （100分の1メートル）→センチメートル
⑤ **cent**ennial （100年の）→ 100年祭
⑥ **centi**grade （100段階に分けた）→摂氏の

◀ 1セント硬貨

① cent /sént/

名 セント Fifteen **cents** in the dollar is tax. 1ドル中，15セントが税金です．

② century /séntʃ(u)ri/ ＜ cent (100) ＋ y (もの)＞

名 世紀: These are the greatest inventions of the twentieth **century**. これらは20世紀最大の発明です．

③ percent /pɚsént/ ＜ per (…につき) ＋ cent (100)＞

名 パーセント: Prices have increased by 12 **percent**. 物価が12パーセント上がった．
percent**age** /pɚséntɪdʒ/ 名 百分率，割合．

④ centimeter /séntəmìːtɚ/ ＜ centi (100分の1) ＋ meter (メートル)＞

名 センチメートル: The snow lay about 30 **centimeters** deep on the street. 通りに雪が30センチほど積もっていた．

⑤ **centennial** /senténiəl/ ＜ cent（100）＋ enn（年）＋ ial（…の）＞

名 100年祭：The nation celebrated its **centennial**. その国は建国100年を祝った.
bicentennial /bàɪsenténiəl/ 名 200年祭；形 200年目の.

⑥ **centigrade** /séntəgrèɪd/ ＜ centi（100分の1）＋ grade（段階）＞

形 摂氏の：Water freezes at zero degrees **centigrade**. 水は摂氏0度で凍る.

その他の同語源の 語

⑦ **centi**pede /séntəpìːd/ 名 百足（← 100本の足； ☞ ped の項）.
⑧ **cent**enarian /sèntəné(ə)riən/ 名 100歳の人.
⑨ **centi**gram /séntəgræm/ 名 センチグラム（← 100分の1グラム）.

circ (環) = circle

① **circ**le (小さな環) →円；回る
② **circ**uit (ぐるりと回った) →回路
③ **circ**ulate (環のように動く) →循環する
④ **circ**us (円形の競技場) →サーカス
⑤ en**circ**le (環にする) →取り囲む
⑥ **circ**umvent (周りを囲む) →阻止する
⑦ **circ**umference (周りを行くもの) →円周
⑧ **circ**umscribe (周囲に書く) →制限する

一輪車に乗る
サーカス (circus)
のピエロ

例文・派生語

① **circle** /sə́ːkl/ ＜ circ (環) ＋ le (小さな)＞
名 円，輪；仲間：Draw a **circle** 8 cm in diameter. 直径8センチの円を描きなさい．
— **動** 回る；(丸で)囲む：An airplane was **circling** around over the ship. 1機の飛行機がその船の上空をぐるぐる回っていた．
circul**ar** /sə́ːkjʊlər/ **形** 円形の；循環の．

② **circuit** /sə́ːkɪt/ ＜ circ (環) ＋ it (行く)＞
名 回路：Electricity is traveling through this **circuit**. 電気がこの回路を流れています．circui**tous** /sə(ː)kjúːətəs/ **形** 回り道の；回りくどい．

③ **circulate** /sə́ːkjʊleɪt/ ＜ circ (環) ＋ ate (…にする)＞
動 循環する；循環させる：Blood **circulates** through the body. 血液が体内を循環している．
circula**tion** /sə̀ːkjʊléɪʃən/ **名** 循環，血行；流通；発行部数．

④ **circus** /sə́ːkəs/ ＜ circus (環)＞
名 サーカス：How about going to the **circus**? サーカスを見に行きませんか．

語根で覚える英単語

⑤ **encircle** /ɪnsə́ːkl/ ＜ en (…にする) + circle (環) ＞

動 取り囲む，包囲する： The city was **encircled** by the troops. その都市は軍隊に包囲された.
encircle**ment** /ɪnsə́ːklmənt/ **名** 囲むこと，包囲.

⑥ **circumvent** /sə̀ːkəmvént/ ＜ circum (周りに) + vent (来る) ＞

動 阻止する，回避する： We need tight planning to **circumvent** disaster. 災難を回避するためには綿密な計画が必要だ.
circumvent**ion** /sə̀ːkəmvénʃən/ **名** 出し抜くこと，回避.

⑦ **circumference** /səkʌ́mf(ə)rəns/ ＜ circum (周りに) + fer (運ぶ) + ence (こと) ＞

名 円周： The tree has a **circumference** of two meters. その木は円周が２メートルある.

⑧ **circumscribe** /sə́ːkəmskràɪb/ ＜ circum (周りに) + scribe (書く) ＞

動 制限する；外接円を描く： Their rights were **circumscribed** by law. 彼らの権利は法によって制限されていた.
circumscri**ption** /sə̀ːkəmskrípʃən/ **名** 制限.

その他の同語源の

⑨ **circum**stance /sə́ːkəmstæns/ **名** 事情，状況（←周囲に立っているもの；☞ stance の項）.
⑩ **semi**circle /sémisə̀ːkl/ **名** 半円.
⑪ **cycle** /sáɪkl/ **名** 周期，サイクル；自転車（←輪）.
　cycl**ing** /sáɪklɪŋ/ **名** サイクリング.
　cycl**ic** /sáɪklɪk/ **形** 循環する；周期的な.
⑫ **bi**cycle /báɪsɪkl/ **名** 自転車（←２つの輪）.
⑬ **re**cycle /rìːsáɪkl/ **動** 再利用する，リサイクルする（←再び循環させる）.
⑭ **cyclone** /sáɪkloʊn/ **名** サイクロン，熱帯性低気圧（←回転するもの）.
⑮ **en**cyclopedia /ɪnsàɪkləpíːdiə/ **名** 百科事典（←すべてにわたる教育）.
　encyclopedic /ɪnsàɪkləpíːdɪk/ **形** 百科事典的な；知識が幅広い.
⑯ **uni**cycle /júːnɪsàɪkl/ **名** （曲芸用）一輪車（← １つの輪；☞ uni の項）.
⑰ **tri**cycle /tráɪsɪkl/ **名** 三輪車（←３つの輪；☞ tri の項）.

close（閉じる）

① dis**close** （閉じておかない）→明らかにする
② en**close** （閉じた状態にする）→同封する
③ **clos**et （閉じられた小さな場所）→クロゼット
④ **clos**ure （閉じる行為）→閉鎖

写真を同封する▶
（enclose）

例文・派生語

① **disclose** /dɪsklóʊz/ ＜dis（…ない）＋close（閉じる）＞

動 明らかにする，公表する：He did not **disclose** the details. 彼は詳細を明らかにしなかった.
disclo**sure** /dɪsklóʊʒɚ/ 名 公表，公開.

② **enclose** /ɪnklóʊz/ ＜en（中へ）＋close（閉じる）＞

動 同封する；囲む：I am **enclosing** a picture of my family in this letter. この手紙に私の家族の写真を同封します.
enclo**sure** /ɪnklóʊʒɚ/ 名 囲い地；囲い込み；同封物.

③ **closet** /klázɪt/ ＜close（閉じられた場所）＋et（小さい）＞

名 クロゼット，押入れ：I hung my coat in the hall **closet**. 私はコートを玄関のクロゼットに掛けた.

④ **closure** /klóʊʒɚ/ ＜close（閉じる）＋ure（こと）＞

名 閉鎖；閉店：The factory **closure** will have dire consequences for the community. その工場の閉鎖は地域社会へ深刻な結果をもたらすだろう.

clude (閉じる) = close

① in**clude** (中に閉じ込める) →含める
② con**clude** (まとめて閉じる) →結論を下す
③ ex**clude** (閉め出す) →締め出す

締め出す (exclude)

例文・派生語

① include /ɪnklúːd/ ＜in (中に) ＋ clude (閉じる)＞

動 含む：This price **includes** tax. この料金には税が含まれています．
inclu**sion** /ɪnklúːʒən/ **名** 含める[含まれる]こと，含有．
inclu**sive** /ɪnklúːsɪv/ **形** すべてを含んだ，包括的な．
inclu**ding** /ɪnklúːdɪŋ/ **前** …を含めて．

② conclude /kənklúːd/ ＜con (完全に) ＋ clude (閉じる)＞

動 結論を下す；結末をつける；(条約)を結ぶ：We **concluded** that this plan was best. 我々はこの計画がいちばんよいと結論を下した．
conclu**sion** /kənklúːʒən/ **名** 結論；結び，結末．
conclu**sive** /kənklúːsɪv/ **形** 最終的な；決定的な．
(⇔ in**conclusive 形** 結論に達しない，決定的でない)

③ exclude /ɪksklúːd/ ＜ex (外へ) ＋ clude (閉じる)＞

動 締め出す，除外する：No one will be **excluded** because of race, religion, or sex. だれも，人種，宗教，性別を理由に締め出されることはない．
exclu**sion** /ɪksklúːʒən/ **名** 除外，締め出す[出される]こと．
exclu**sive** /ɪksklúːsɪv/ **形** 独占的な；排他的な；高級の．
exclu**sively** /ɪksklúːsɪvli/ **副** もっぱら．exclu**ding** /ɪksklúːsɪvli/ **前** …を除いて．

その他の同語源の

④ pre**clude** /prɪklúːd/ **動** 妨げる，阻む (←前もって閉じる)．
⑤ se**clude** /sɪklúːd/ **動** 引き離す，隔離する (←離して閉じる)．

cord (心) = heart

① re**cord** （心に呼び戻す）→記録する
② ac**cord** （…に心を合わせること）→協定
③ dis**cord** （心が合わないこと）→不一致
④ **cord**ial 心からの

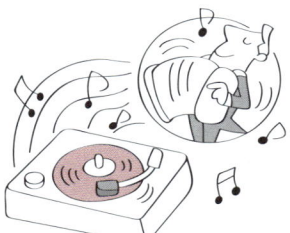

◀レコード（record）から流れるアコーディオン（accordion）のメロディーが心（cord）にしみる

例文・派生語

① **record** /rɪkɔ́ːd/ ＜ re（再び）+ cord（心）＞

動 記録する；録音する：The police **recorded** his speed at 150 km per hour. 警察は彼のスピードが時速150キロであったと記録した.

— **名** /rékərd/ 記録；レコード；成績：She kept a **record** of everything said by the speaker. 彼女は講演者が言ったことをすべて記録に残した.

② **accord** /əkɔ́ːd/ ＜ ac（= ad …に）+ cord（心）＞

名 協定，合意：We reached an **accord** on the building contract. 私たちは建築契約のことで合意した.
accord**ing to** /əkɔ́ːdɪŋtu/ **前** …によれば；…に従って.
accord**ingly** /əkɔ́ːdɪŋli/ **副** それに応じて；従って.
accord**ance** /əkɔ́ːdəns/ **名** 一致，調和.

③ **discord** /dískɔːd/ ＜ dis（離れて）+ cord（心）＞

名 不一致，不和：One of the causes of international **discord** is differences in political thinking. 国際的な不和の原因の1つは政治思想の違いである.

④ **cordial** /kɔ́ːrdʒəl/ ＜ cord (心) ＋ al (…の)＞

形 心からの，誠心誠意の： She is **cordial** to everybody. 彼女はだれにでも心温かく接する．

cordia**lity** /kɔ̀ːrdʒiǽləti/ **名** 真心，誠実．

その他の同語源の 語

⑤ ac**cord**ion /əkɔ́ːrdiən/ **名** アコーディオン(←…に心を合わせること)．
⑥ con**cord** /kάnkɔːrd/ **名** 一致，調和(←心を一つにすること)．
⑦ con**cord**ance /kənkɔ́ːrdns/ **名** 一致，調和(←心を一つにすること)．
⑧ **core** /kɔ́ːr/ **名** 芯，中心．
⑨ **cour**age /kə́ːrɪdʒ/ **名** 勇気(←心の状態)．
　en**cour**age /ɪnkə́ːrɪdʒ/ **動** 励ます，勇気づける(←勇気を持たせる)．
　dis**cour**age /dɪskə́ːrɪdʒ/ **動** 思いとどまらせる；がっかりさせる(←勇気を失わせる)．

cur（走る）= run

① **cur**rent　　　（走っている）→現在行われている
② oc**cur**　　　　（…の方へ走る）→起こる
③ ex**cur**sion　　（外へ走り出ること）→小旅行
④ **cur**riculum　　（走るコース）→カリキュラム
⑤ in**cur**　　　　（…の中に走り込む）→…を被る

◀（世の中を走り回る）貨幣（currency）

例文・派生語

① **current** /kə́ːrənt/　＜ cur（走る）＋ ent（…している）＞
形 現在行われている；現在の：I don't know his **current** address. 私は彼の現在の住所は知りません.
— **名** 流れ；電流：They were able to swim by letting the strong **current** carry them. 彼らは強い流れに流されながら泳ぐことができた.
current**ly** /kə́ːrəntli/ **副** 今のところ.
curren**cy** /kə́ːrənsi/ **名** 通貨, 貨幣（←世の中を走り回っていること）.

② **occur** /əkə́ːr/　＜ oc（…の方へ）＋ cur（走る）＞
動 起こる, 発生する；（考えが）浮かぶ：The accident **occurred** in the middle of the night. その事故は真夜中に起こった.
occur**rence** /əkə́ːrəns/ **名** 出来事, 事件.

③ **excursion** /ɪkskə́ːrʒən/　＜ ex（外に）＋ cur（走る）＋ sion（こと）＞
名 小旅行, 遠足：We went on a day **excursion** to the lake. 私たちはその湖へ日帰り旅行をした.

④ **curriculum** /kəríkjʊləm/ ＜ cur（走る）＋ ulum（小さなもの）＞

名 カリキュラム，教育課程： A new **curriculum** has been introduced into school. 新しいカリキュラムが学校に導入された．

⑤ **incur** /ɪnkə́ː/ ＜ in（…の中に）＋ cur（走る）＞

動 被る，招く： They **incurred** a loss of $1,000. 彼らは1,000ドルの損害を被った．

その他の同語源の語

⑥ **recur** /rɪkə́ː/ 動 再び起こる，再発する（←再び走る）．
recur**rence** /rɪkə́ːrəns/ 名 繰り返し起こること，再発．
recur**rent** /rɪkə́ːrənt/ 形 繰り返される，再発する．

⑦ **concur** /kənkə́ː/ 動 一致する，同意する（←走って一つになる）．
concur**rent** /kənkə́ːrənt/ 形 同時に起こる；（意見が）一致した．
concur**rence** /kənkə́ːrəns/ 名 （意見の）一致；同時発生．

⑧ **cur**sor /kə́ːsə/ 名 （コンピューターの）カーソル（←走るもの）．

⑨ pre**cur**sor /prɪkə́ːsə/ 名 先駆者；前身（←先に走る人）．

⑩ dis**cur**sive /dɪskə́ːsɪv/ 形 話が次々に移る，散漫な（←あちこちに走る）．

cure（注意）= care

① **cure** （世話をする）→治療する
② **cur**ious （注意を向ける）→好奇心の強い
③ ac**cur**ate （…に注意が払われた）→正確な
④ se**cure** （心配のない）→安全な
⑤ mani**cure** （手の世話）→手や爪の手入れ
⑥ pro**cure** （…の世話をする）→手に入れる

◀治療する（cure）

例文・派生語

① cure /kjúɚ/

動 治療する，治す；直す：This medicine will soon **cure** your cold. この薬を飲めば風邪はすぐ治るでしょう.

— **名** 治療法，治療薬；治療：Will we ever discover a **cure** for cancer? いつか癌を完治する治療法が見つかるだろうか.

cur**able** /kjú(ə)rəbl/ **形** 直せる，治療できる.
（⇔ **in**curable /ínkjú(ə)rəbl/ **形** 治せない，不治の）
cur**ative** /kjú(ə)rətɪv/ **形** 病気に効く，治療の.

② curious /kjú(ə)riəs/　＜ cure（注意）+ ious（…に満ちた）＞

形 好奇心の強い，詮索好きな：Children are very **curious** and ask many questions. 子供は好奇心が強いのでいろいろと質問するものだ.
curious**ly** /kjú(ə)riəsli/ **副** 奇妙にも；もの珍しそうに.
curio**sity** /kjù(ə)riásəti/ **名** 好奇心.
curio /kjú(ə)riòʊ/ **名** 骨董品（← curiosity の省略形）.

③ **accurate** /ǽkjʊrət/ ＜ ac (= ad …に) + cur (注意) + ate (…のある)＞

形 正確な，精密な： A newspaper report must be **accurate** to the smallest detail. 新聞の報道は細部に至るまで正確でなければならない．
(⇔ **in**accurate 形 不正確な，誤りのある)
accura**cy** /ǽkjʊrəsi/ 名 正確さ，精密さ．
accurate**ly** /ǽkjʊrətli/ 副 正確に，正しく．

④ **secure** /sɪkjúɚ/ ＜ se (…のない) + cure (心配)＞

形 安全な；きちんと閉まった： New Zealand is said to be a **secure** country. ニュージーランドは安全な国であると言われている．
── 動 確保する，獲得する；安全にする： Our primary aim is to **secure** world peace. 我々の第一の目的は世界平和を確保することにある．
secur**ity** /sɪkjú(ə)rəti/ 名 防衛，安全保障；安全
(⇔ **in**security 名 不安；不安定さ)

⑤ **manicure** /mǽnəkjùɚ/ ＜ mani (手) + cure (世話)＞

名 手や爪の手入れ，マニキュア： She gave me a beautiful **manicure**. 彼女は私にきれいなマニキュアをしてくれた．

＊ manicure は手のマッサージや爪切り，爪磨きなどの手入れのことを指す．爪に塗るマニキュア液は nail polish，《英》nail varnish という．

⑥ **procure** /prəkjúɚ/ ＜ pro (…のために) + cure (世話)＞

動 手に入れる；斡旋する： He **procured** a position for me. 彼は私に職を世話してくれた．
procure**ment** /prəkjúɚmənt/ 名 調達；獲得．

その他の同語源の語

⑦ cur**ator** /kjú(ə)reɪtɚ/ 名 (博物館などの)管理者，学芸員(←世話をする人)．
⑧ **pedi**cure /pédɪkjùɚ/ 名 足の(爪の)手入れ(←足の世話；☞ ped の項)．

dict（言う）= say

① pre**dict**　　　　（前もって言う）→予言する
② ver**dict**　　　　（真実を述べたもの）→評決
③ **dict**ionary　　　（言葉の本）→辞書
④ **dict**ate　　　　（繰り返し言う）→口で言って書き取らせる
⑤ contra**dict**　　　（反対して言う）→否定する
⑥ in**dict**　　　　　（…に対して言う）→起訴する

◀辞書（dictionary）

例文・派生語

① predict /prɪdíkt/　＜ pre（前もって）＋ dict（言う）＞
動 予言する；予測する：It is still impossible to **predict** exactly when a major earthquake will occur. いつ大地震が起こるかを正確に予言することは今でもまだ不可能である．
predict**ion** /prɪdíkʃən/ **名** 予言；予測．
predict**able** /prɪdíktəbl/ **形** 予測できる．

② verdict /vɚ́ːdɪkt/　＜ ver（真実）＋ dict（言う）＞
名 評決：The jury returned a **verdict** of guilty. 陪審は有罪の評決を下した．

③ dictionary /díkʃənèri/　＜ diction（言うこと，言葉）＋ ary（…に関するもの）＞
名 辞書，辞典：Look up the word in your **dictionary**. その語を辞書で引きなさい．

④ dictate /díkteɪt/　＜ dict（言う）＋ ate（…させる）＞
動 口で言って書き取らせる，口述する：The president often **dictates** letters to his

secretary. その社長はよく秘書に手紙を口で言って書き取らせる.
dictation /dɪktéɪʃən/ 名 書き取り，ディクテーション；口述.
dictator /díkteɪtɚ/ 名 独裁者.
dictatorship /dɪktéɪtɚʃɪp/ 名 独裁政治[政権].

⑤ contradict /kɑ̀ntrədíkt/ ＜ contra（反対して）＋ dict（言う）＞

動 否定する；反論する： His press secretary **contradicted** the news of the president's illness. 報道官は大統領が病気だというニュースを否定した.
contradiction /kɑ̀ntrədíkʃən/ 名 矛盾.
contradictory /kɑ̀ntrədíktəri/ 形 矛盾した.

⑥ indict /ɪndáɪt/ ＜ in（…に対抗して）＋ dict（言う）＞

動 起訴する，告発する： He was **indicted** for bribery. 彼は収賄の罪で起訴された.

＊発音に注意．語中に c を含む現在の綴りは，16 世紀にラテン語形の影響で定着した．

indictment /ɪndáɪtmənt/ 名 起訴，起訴状.

その他の同語源の語

⑦ juris**dict**ion /dʒʊ̀(ə)rɪsdíkʃən/ 名 司法権，管轄権（←法を述べること）.
⑧ e**dict** /íːdɪkt/ 名 布告，勅令（←王が外に言うこと）.
⑨ bene**dict**ion /bènədíkʃən/ 名 祝福；(食卓の)祈り（←良く言うこと）.
⑩ male**dict**ion /mæ̀lədíkʃən/ 名 呪い（←悪く言うこと）.
⑪ inter**dict** /íntɚdɪkt/ 名 禁止(命令)（←言葉を差し挟むこと）.
⑫ vale**dict**ion /væ̀lədíkʃən/ 名 告別の辞（←別れを言うこと）.
⑬ **dict**um /díktəm/ 名 見解，言明（←言われたこと）.

duce (導く) = lead

① intro**duce** （中へ導き入れる）→紹介する
② pro**duce** （前へ導き出す）→作り出す
③ re**duce** （後ろへ引き戻す）→少なくする
④ se**duce** （悪い方へ導く）→誘惑する
⑤ **educ**ate （能力を導き出す）→教育する
⑥ in**duce** （中に導き入れる）→誘い込む

◀紹介する（introduce）

例文・派生語

① **introduce** /ìntrəd(j)úːs/ ＜ intro（中へ）＋ duce（導く）＞
【動】紹介する；導入する： Let me **introduce** my colleague Jack Smith to you. 私の同僚のジャック スミスさんを紹介いたします．
introduc**tion** /ìntrədʌ́kʃən/【名】導入；紹介；序論．
introduc**tory** /ìntrədʌ́ktəri/【形】紹介の；入門の．

② **produce** /prəd(j)úːs/ ＜ pro（前へ）＋ duce（導く）＞
【動】作り出す，生産する： Our town **produces** steel. 私たちの町では鋼鉄が生産される．
produc**t** /prɑ́dʌkt/【名】産物，製品．
produc**tion** /prədʌ́kʃən/【名】生産，生産高；制作．
produc**tive** /prədʌ́ktɪv/【形】生産力のある．
produc**tivity** /pròudəktívəti/【名】生産力．
produc**er** /prəd(j)úːsɚ/【名】プロデューサー，制作者．

30

reproduce /rìːprəd(j)úːs/ 動 再生する；複写する.
reproduction /rìːprədʌ́kʃən/ 名 繁殖；複写；再生.
reproductive /rìːprədʌ́ktɪv/ 形 繁殖の；再生の.

③ **reduce** /rɪd(j)úːs/ ＜ re（後ろへ）＋ duce（導く）＞

動 少なくする，小さくする：Seat belts have **reduced** the number of traffic deaths. シートベルトの着用で交通事故死の数が少なくなった.
reduction /rɪdʌ́kʃən/ 名 少なく[小さく]すること；割引.

④ **seduce** /sɪd(j)úːs/ ＜ se（離れて）＋ duce（導く）＞

動 誘惑する；そそのかす：She claimed that she was **seduced** by her superior. 彼女は上司に誘惑されたと主張した.

⑤ **educate** /édʒʊkèɪt/ ＜ e（= ex 外に）＋ duc（導く）＋ ate（…させる）＞

動 教育する：He was **educated** at Harvard University. 彼はハーバード大学で教育を受けた.
education /èdʒʊkéɪʃən/ 名 教育.
educational /èdʒʊkéɪʃ(ə)nəl/ 形 教育上の，教育的な.
educated /édʒʊkèɪtɪd/ 形 教育を受けた，教養のある.
educator /édʒʊkèɪtɚ/ 名 教育者，教師.

⑥ **induce** /ɪnd(j)úːs/ ＜ in（中に）＋ duce（導く）＞

動 (人)に勧めて…させる，誘い込む：After much persuasion I **induced** him to do the job. いろいろと説得して彼にその仕事をさせた.
inducement /ɪnd(j)úːsmənt/ 名 誘い込むもの，誘因.

その他の同語源の語

⑦ de**duce** /dɪd(j)úːs/ 動 推論する，演繹する（←導き出す）.
deduction /dɪdʌ́kʃən/ 名 控除；推論，演繹法.

duct (導く) = lead

① con**duct** （一緒に導く）→行なう
② de**duct** （導き出す）→控除する

◀指揮する（conduct）

例文・派生語

① **conduct** /kəndʌ́kt/ ＜con（共に）＋duct（導く）＞

動 行なう，運営する；指揮する：We **conducted** our investigation with the greatest care. 私たちはきわめて慎重に調査を行なった．
—— **名** /kándʌkt/ 行ない：bad **conduct** よくない行ない．
con**duct**or /kəndʌ́ktə/ **名** 指揮者；車掌．

② **deduct** /dɪdʌ́kt/ ＜de（離して）＋duct（導く）＞

動 控除する，差し引く：You can **deduct** business expenses from your taxes. 仕事上の経費は税金から差し引くことができます．
de**duct**ion /dɪdʌ́kʃən/ **名** 控除；推論，演繹法．

その他の同語源の 語

③ in**duct** /ɪndʌ́kt/ **動** 就任させる；入団［入会］させる（←中に導く）．
in**duct**ion /ɪndʌ́kʃən/ **名** 就任，入団；帰納法．
④ ab**duct** /əbdʌ́kt/ **動** 誘拐する（←連れ去る）．
⑤ **duct** /dʌ́kt/ **名** 輸送管，管；送水管．

語根で覚える英単語

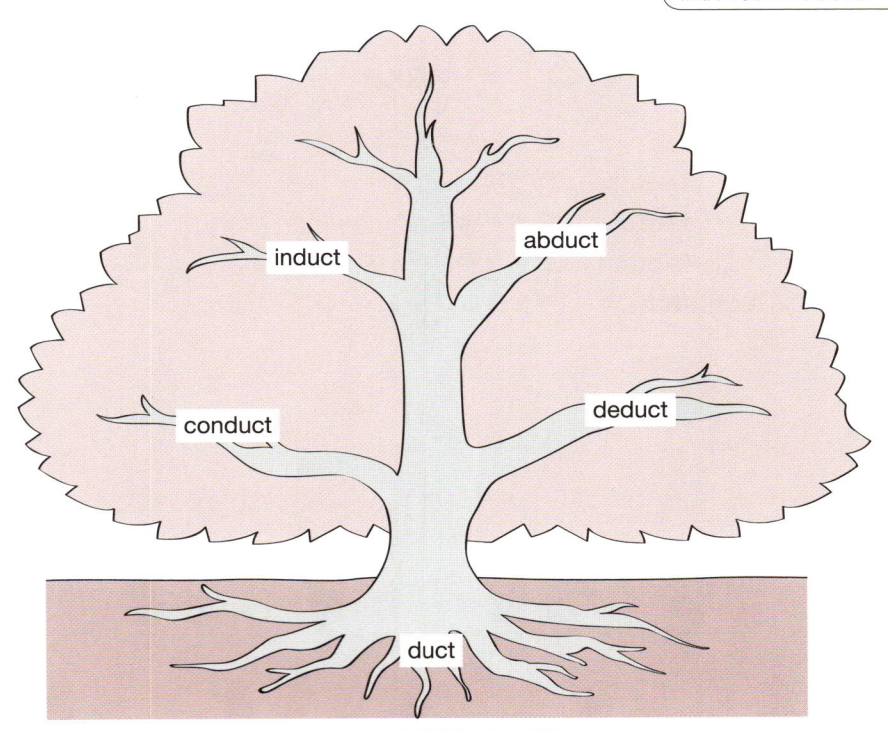

induct
abduct
conduct
deduct
duct

duct を語根にもつ語

fact（作る）= make

① **fact** （なされたこと）→事実
② **fact**ory （作る所）→工場
③ **fact**or （結果を作るもの）→要因
④ **fact**ion （事をなすこと）→派閥（の争い）
⑤ manu**fact**ure （手で作る（こと））→製造（する）

◀カメラを製造する（manufacture）

例文・派生語

① **fact** /fǽkt/

名 事実：This book deals with **facts** about Japanese history. この本は日本史に関する事実を扱っている．
fact**ual** /fǽktʃuəl/ 形 事実の，事実に基づく．

② **factory** /fǽktəri/ ＜ fact（作る）+ ory（場所）＞

名 工場：The company operates five **factories**. その会社は5つの工場を経営している．

③ **factor** /fǽktɚ/ ＜ fact（作る）+ or（人）＞

名 要因，要素：Honesty was the crucial **factor** in his success. 正直さが彼の成功の最も重要な要因であった．

語根で覚える英単語

④ **faction** /fǽkʃən/ ＜ fact（作る）＋ion（こと）＞

名 派閥，党派；派閥の争い： One **faction** within the party wants tax reform. その党の一派閥は税制改革を求めている．
factional /fǽkʃ(ə)nəl/ **形** 派閥の．

⑤ **manufacture** /mæ̀n(j)ʊfǽktʃɚ/ ＜ manu（手）＋fact（作る）＋ure（こと）＞

動 製造する： It is important to **manufacture** cleaner cars. 排出汚染物質のより少ない自動車を製造することは重要です．

— **名** 製造： The company is famous for the **manufacture** of cameras. その会社はカメラの製造で有名です．
manufacturer /mæ̀n(j)ʊfǽktʃ(ə)rɚ/ **名** 製造業者，メーカー．
manufacturing /mæ̀n(j)ʊfǽktʃ(ə)rɪŋ/ **名** 製造．

その他の同語源の語

⑥ arti**fact** /ɑ́ɚtɪfæ̀kt/ **名** 人工物，工芸品（←技術で作ったもの）．
⑦ bene**fact**or /bénəfæ̀ktɚ/ **名** 後援者，寄贈者（←良いことをなす人）．
⑧ male**fact**or /mǽləfæ̀ktɚ/ **名** 悪人，犯罪人（←悪いことをなす人）．
⑨ **fact**itious /fæktíʃəs/ **形** 人為的な（←作った）．
⑩ **fac**ility /fəsíləti/ **名** 施設，設備；特別な機能（←事のなしやすさ）．
⑪ **fac**ulty /fǽkəlti/ **名** 能力，機能；学部；教員（←事をなす力）．
⑫ **fac**ilitate /fəsílətèɪt/ **動** 容易にする，促進する（←作りやすくする）．
⑬ **fac**ile /fǽsl/ **形** 軽薄な；たやすく得られる（←たやすくできる）．
⑭ **fac**simile /fæksíməli/ **名** 複写；ファクス（fax）（←似たものを作れ）．

fect (作る) = make

① **effect** （外にもたらされたもの）→効果
② **affect** （…に作用する）→影響を及ぼす
③ **perfect** （完全になされた）→完全な
④ **defect** （不完全に作ったもの）→欠陥
⑤ **prefecture** （先に作られた機関）→県
⑥ **infect** （中に作用する）→病気をうつす

（植物の生長に）影響を及ぼす（affect）

例文・派生語

① **effect** /ɪfékt/ ＜ ef (= ex 外へ) + fect (作る) ＞

名 効果，影響；結果：The greenhouse **effect** is caused by a high content of carbon dioxide in the atmosphere. 温室効果は大気中の二酸化炭素の含有量が高いことによって生じる．
effect**ive** /ɪféktɪv/ 形 効果のある，有効な，効果的な．
(⇔ **in**effective 形 効果のない，効果的でない)
effective**ly** /ɪféktɪvli/ 副 有効に，効果的に．

② **affect** /əfékt/ ＜ af (= ad …に) + fect (なす) ＞

動 影響を及ぼす；感動させる：The weather **affects** the growth of plants. 天候は植物の生長に影響を及ぼす．
affect**ion** /əfékʃən/ 名 愛情．
affection**ate** /əfékʃ(ə)nət/ 形 情愛の深い，愛情のこもった．

③ **perfect** /pɚ́ːfɪkt/ ＜ per (完全に) + fect (作られた，なされた) ＞

形 完全な，完璧(かんぺき)な；最適の；全くの：He is a **perfect** master of the English language. 彼は英語の完全な使い手だ．
— 動 /pɚ(ː)fékt/ 完成する：He conducted many experiments to **perfect** his theory. 彼は自分の理論を完成するために数多くの実験を行なった．
(⇔ **im**perfect 形 不完全な，欠点のある)

perfection /pɚfékʃən/ 名 完全(なこと)；完全に仕上げること．
perfectly /pɚ́ːfɪk(t)li/ 副 完全に，全く．

④ **defect** /díːfekt/ ＜ de (不完全に) + fect (作られた(もの)) ＞

名 欠陥，欠点：The building had a major structural **defect**. その建築物には重要な構造上の欠陥があった．
defective /dɪféktɪv/ 形 欠点[欠陥]のある．

⑤ **prefecture** /príːfektʃɚ/ ＜ pre (先に) + fect (作られた) + ure (機関) ＞

名 県，府，道：Tokyo Disneyland is in Chiba **Prefecture**. 東京ディズニーランドは千葉県にある．
prefectural /príːfektʃərəl/ 形 県の，府の．

⑥ **infect** /ɪnfékt/ ＜ in (中に) + fect (作る) ＞

動 病気をうつす；感染する：Many soldiers were **infected** with malaria. 大勢の兵士たちがマラリアに感染した．
infection /ɪnfékʃən/ 名 感染，感染症．
infectious /ɪnfékʃəs/ 形 感染性の，感染伝染病の．

その他の同語源の語

⑦ confection /kənfékʃən/ 名 砂糖菓子(←ごちそう←仕上げられたもの)．
confectioner /kənfékʃ(ə)nɚ/ 名 糖菓製造者；菓子屋．
confectionery /kənfékʃənèri/ 名 菓子類．
⑧ prefect /príːfekt/ 名 (英国の学校の)監督生；知事(←先に任命された人)．

fer (運ぶ) = carry

① of**fer** (…の方へ運ぶ) → 提供する
② pre**fer** (先に運ぶ) → …の方を好む
③ re**fer** (元へ運び戻す) → 言及する
④ suf**fer** (下で運ぶ) → (苦痛)を受ける
⑤ trans**fer** (別の場所へ運ぶ) → 移す
⑥ con**fer** (意見を持ち寄る) → 相談する
⑦ dif**fer** (ばらばらに運ぶ) → 異なる
⑧ **fer**tile (物をもたらす) → 肥えた
⑨ in**fer** (運び入れる) → 推論する

(オレンジよりリンゴ)
の方が好きだ (prefer)

例文・派生語

① **offer** /ɔ́:fɚ/ ＜ of (= ob …に向かって) + fer (運ぶ)＞
動 提供する; …しようと申し出る: We **offered** a good job to Mr. Hill. 我々はヒル氏によい仕事を提供した. ― 名 提供, 提案.
offer**ing** /ɔ́:f(ə)rɪŋ/ 名 申し出, 提供.

② **prefer** /prɪfɚ́:/ ＜ pre (先に) + fer (運ぶ)＞
動 …の方を好む: I **prefer** apples to oranges. 私はオレンジよりリンゴの方が好きです.
prefer**ence** /préf(ə)rəns/ 名 好むこと.　prefer**able** /préf(ə)rəbl/ 形 好ましい.

③ **refer** /rɪfɚ́:/ ＜ re (元へ) + fer (運ぶ)＞
動 言及する; 参照する: The speaker often **referred** to Professor White's book. 講演者はたびたびホワイト教授の著書について言及した.
refer**ence** /réf(ə)rəns/ 名 話で触れること; 参照; 人物証明書.
refer**ee** /rèfərí:/ 名 レフェリー, 審判員 (←判断を求められる人).
refer**endum** /rèfəréndəm/ 名 国民投票 (←付託されるもの).

語根で覚える英単語

④ **suffer** /sʌ́fər/ ＜ suf (＝ sub 下で) ＋ fer (運ぶ) ＞

動 (苦痛)を受ける；(損害)を被る；病気にかかる：She has **suffered** a lot of pain. 彼女はこれまで非常な苦痛を受けた．
suffe**rer** /sʌ́fərər/ 名 苦しむ人，患者．suffe**ring** /sʌ́f(ə)rɪŋ/ 名 苦しみ．

⑤ **transfer** /trænsfə́ː/ ＜ trans (別の場所へ) ＋ fer (運ぶ) ＞

動 移す；譲る；乗り換える：Mr. Clark was **transferred** from the main office in New York to the Chicago branch. クラーク氏はニューヨークの本社からシカゴ支社へ移された． ── 名 /trǽnsfəː/ 移動．

⑥ **confer** /kənfə́ː/ ＜ con (共に) ＋ fer (運ぶ) ＞

動 相談する：I **conferred** with him on the matter. 私はその件で彼と相談した．
confe**rence** /kɑ́nf(ə)rəns/ 名 会議．

⑦ **differ** /dífə/ ＜ dif (＝ dis 離れて) ＋ fer (運ぶ) ＞

動 異なる，違う；意見が合わない：English **differs** from Japanese in having articles. 英語は冠詞があるという点で日本語と異なる．
diffe**rence** /díf(ə)rəns/ 名 違い；差．　diffe**rent** /díf(ə)rənt/ 形 違った，別の．
differ**entiate** /dìfərénʃièɪt/ 動 区別する，見分ける．

⑧ **fertile** /fə́ːtl/ ＜ fer (運ぶ) ＋ ile (…できる) ＞

形 肥えた：**fertile** land 肥沃(ひよく)な土地．ferti**lizer** /fə́ːtəlàɪzər/ 名 肥料．

⑨ **infer** /ɪnfə́ː/ ＜ in (中に) ＋ fer (運ぶ) ＞

動 推論する，判断する：They **inferred** from these facts that the earth was the center of the universe. これらの事実から彼らは地球は宇宙の中心であると推論した．
infe**rence** /ínf(ə)rəns/ 名 推定，判断．

その他の同語源の語

⑩ **defer** /dɪfə́ː/ 動 延ばす，延期する(←離れて運ぶ)．
⑪ **conifer** /kɑ́nəfər/ 名 針葉樹(←球果を生ずるもの)．
⑫ **proffer** /prɑ́fər/ 動 差し出す(←前に運ぶ)．
⑬ **vociferous** /voʊsíf(ə)rəs/ 形 大声で叫ぶ(←声を運ぶ)．
⑭ **circumference** /sərkʌ́mf(ə)rəns/ 名 周囲(←周りに運ぶこと)．

39

fic（作る）= make

① **dif**fi**c**ult　　　　((容易に)なすことができない) →難しい
② of**fic**e　　　　　　(仕事をする所) →事務所
③ de**fic**it　　　　　　(満たさない(こと)) →欠損
④ ef**fic**ient　　　　　(完全になす) →有能な
⑤ arti**fic**ial　　　　　(技術で作った) →人造の
⑥ sacri**fic**e　　　　　(神聖にする) →犠牲(にする)
⑦ suf**fic**ient　　　　(下から上まで満たした)
　　　　　　　　　　→十分な
⑧ **fic**tion　　　　　　(作られたもの) →小説

(違いを見分けるのが)
難しい (difficult)

例文・派生語

① **difficult** /dífɪk(ə)lt/ ＜ dif (= dis 離れて) + fic (作る) + ile (…できる) + ty (こと)＞

形 難しい，困難な；問題の多い：It is very **difficult** for me to tell the difference. その違いを見分けるのは私には大変難しい．
difficul**ty** /dífɪk(ə)lti/ 名 難しさ，困難．

② **office** /ɔ́fɪs/ ＜ of (= opus 仕事) + fice (する(こと))＞

名 事務所，会社，官職：He works in an **office**. 彼は会社に勤めている．
offic**ial** /əfíʃəl/ 形 公務上の；公認の；名 公務員，役人．
offic**ially** /əfíʃəli/ 副 公式に；公式には．　offic**er** /ɔ́:fɪsɚ/ 名 士官；役人；警官．

③ **deficit** /défəsɪt/ ＜ de (離れて) + ficit (作って[行なって]いる(こと))＞

名 欠損，赤字：The trade **deficit** will continue. 貿易赤字は続くだろう．

④ **efficient** /ɪfíʃənt/ ＜ ef (= ex 完全に) + fic (作る) + ent (…している)＞

形 有能な；効果のある：He is an **efficient** secretary. 彼は有能な秘書だ．
(⇔ **in**efficient 形 効率の悪い)　efficien**cy** /ɪfíʃənsi/ 名 能力，能率．

⑤ **artificial** /ὰɚtəfíʃəl/ ＜ art（技術）＋ fic（作る）＋ al（…の）＞

形 人造の，人工の；不自然な：Our food contains no **artificial** coloring. 当社の食品には人工着色料は含まれておりません．

> ＊art は元来「技術」の意味であった．Art is long, life is short. という諺は，現在「芸術は長く，人生は短い．」という意味で使われているが，元来は古代ギリシャの医聖ヒポクラテスが医学生たちに諭した言葉であり，「技術の習得には時間がかかり，それを学ぶ人の一生は短い」という意味であった．

⑥ **sacrifice** /sǽkrəfàɪs/ ＜ sacri（神聖な）＋ fice（作る）＞

名 犠牲，いけにえ：The war involved the **sacrifice** of many lives. 戦争で多くの人命が犠牲になった．── 動 犠牲にする．
sacrific**ial** /sæ̀krəfíʃəl/ 形 犠牲の．

⑦ **sufficient** /səfíʃənt/ ＜ suf（＝ sub 下に）＋ fic（作る，置く）＋ ent（…している）＞

形 十分な：She has **sufficient** capability. 彼女には十分な手腕がある．
(⇔ **in**sufficient 形 不十分な)
suffice /səfáɪs/ 動 十分である，足りる．
sufficien**cy** /səfíʃənsi/ 名 十分．sufficient**ly** /səfíʃəntli/ 副 十分に．

⑧ **fiction** /fíkʃən/ ＜ fic（作る）＋ t（…された）＋ ion（もの）＞

名 小説，作り話：Fact is stranger than **fiction**. 事実は小説より奇なり．
fiction**al** /fíkʃ(ə)nəl/ 形 創作上の，架空の．ficti**tious** /fɪktíʃəs/ 形 偽りの．

その他の同語源の語

⑨ **defic**iency /dɪfíʃənsi/ 名 不足，欠陥（←満たさない状態）．
defic**ient** /dɪfíʃənt/ 形 不足した；不完全な．
⑩ magni**ficent** /mægnífəs(ə)nt/ 形 壮大な，すばらしい（←大きくした；☞ magni の項）．
⑪ pro**ficient** /prəfíʃənt/ 形 熟達した（←前進した）．
⑫ pro**fit** /práfɪt/ 名 利益（←前に出たこと）．
⑬ bene**fit** /bénəfìt/ 名 利益（←よい行ない）．

fin (終わり) = finish

①	**fin**al	最終の
②	**fin**e	(完成された)→すばらしい
		(決着(をつける))→罰金(を科す)
③	**fin**ish	(終わりにする)→終える
④	**fin**ance	(勘定に決着をつけること)→財政
⑤	de**fin**e	(限界をはっきりさせる)→定義する
⑥	con**fin**e	(限界内にまとめる)→限る
⑦	in**fin**ite	無限の

ゴール (finish)

例文・派生語

① **final** /fáɪn(ə)l/ ＜fin (終わり) + al (…の)＞

形 最終の，最後の；最終的な：This is the **final** announcement of boarding for flight 20. これが20便搭乗の最後のアナウンスです．

＊日本語の「アナウンス」に相当する英語は announcement であり，英語の announce は「知らせる」という動詞としてのみ用いる．

— **名** 決勝戦：Our team won the semifinals and advanced to the **finals**. わがチームは準決勝に勝って決勝戦に進出した．
final**ity** /faɪnǽləti/ **名** 最終的なこと，結末．final**ize** /fáɪnəlàɪz/ **動** 完結させる．
final**ist** /fáɪnəlɪst/ **名** 決勝戦出場選手[者]．final**ly** /fáɪnəli/ **副** ついに；最後に．

② **fine** /fáɪn/

形 すばらしい；優れた；元気な；申し分ない；細かい：She is one of the **finest** ladies I have ever met. 彼女は私が今までお会いした中で最もすばらしい女性の一人です．

— **名** 罰金：In Singapore they impose a **fine** for littering. シンガポールではごみを散らかすと罰金が科せられる．— **動** 罰金を科す．

③ **finish** /fíniʃ/ ＜ fin（終わり）＋ ish（…にする）＞

動 終える；食べ [飲み] 終える；終わる；（レースで）ゴールインする：I haven't **finished** reading the novel. 私はまだその小説を読み終えていない.

── **名**（競走の）ゴール，終わり；仕上げ：A lot of cameramen were waiting at the **finish**. ゴールでは多くのカメラマンが待ちかまえていた.

④ **finance** /fáimæns/ ＜ fin（終わり）＋ ance（…すること）＞

名 財政；財源：He is said to be an expert of **finance**. 彼は財政の専門家であると言われている. ── **動** 資金援助する.
finan**cial** /faimǽnʃəl/ **形** 財政上の. finan**cially** /faimǽnʃəli/ **副** 財政的には.

⑤ **define** /difáin/ ＜ de（完全に）＋ fine（境界を作る）＞

動 定義する；限定する：We can **define** ice as frozen water. 氷を凍った水と定義することができる.
defin**ition** /dèfəníʃən/ **名** 定義. defin**ite** /déf(ə)nət/ **形** 限定された；明確な.
defin**itely** /déf(ə)nətli/ **副** 確かに.

⑥ **confine** /kənfáin/ ＜ con（一緒に）＋ fine（境界を作る）＞

動 限る，とどめる：I **confined** my presentation to that subject. 私は発表をそのテーマに限った.
confine**ment** /kənfáinmənt/ **名** 監禁.

⑦ **infinite** /ínfənət/ ＜ in（…ない）＋ finite（限られた）＞

形 無限の，果てしない：The ship vanished into the **infinite** reaches of space. その宇宙船は果てしない宇宙に消えていった.
infin**ity** /infínəti/ **名** 無限，無数. infin**itely** /ínfənətli/ **副** 非常に；無限に.

その他の同語源の語

⑧ fin**ale** /fənǽli/ **名** フィナーレ，終楽章（←最終の）.
⑨ fin**ite** /fáinait/ **形** 有限の（←限られた）.
⑩ **affin**ity /əfínəti/ **名** 好み，親しみ；類似（←境界を接していること）.
⑪ **refine** /rifáin/ **動** 精製する（←さらに仕上げる）.
⑫ infin**itive** /infínətiv/ **名** 不定詞（←人称・数・時制に限定されない）.

flu（流れる）= flow

① **influ**ence （天体から人の心に流れ込むこと）→影響
② **flu**id （流れる状態の（もの））→流動体
③ **flu**ent （流れるような）→流暢な
④ af**flu**ent （…に流れ込む）→豊かな
⑤ super**flu**ous （あふれて流れる）→余分の
⑥ in**flu**x （中に流れ込む（こと））→流入
⑦ **flu**ctuate （流れのようにする）
　　　　　　　　→上下に揺れる
⑧ in**flu**enza （体内に流れ込むもの）
　　　　　　　　→インフルエンザ

ごぶさた してます

ヘレンの日本語は流暢だ（fluent）

例文・派生語

① **influence** /ínfluːəns/　＜ in（中に）＋ flu（流れる）＋ ence（状態）＞

名 影響；影響力： Today, Western civilization has much **influence** on Japan. 今日西洋文明が日本に大きな影響を与えている.
— **動** 影響を及ぼす： The weather **influences** our daily lives in many ways. 天候は私たちの日常生活に多くの点で影響を及ぼす.
influen**tial** /ìnfluːénʃəl/ **形** 影響力のある.

＊昔，占星術で天体から霊液が流れてきて，それが人の性格や運命などに影響を与えると考えられていた.

② **fluid** /flúːɪd/　＜ flu（流れる）＋ id（状態の）＞

名 流動体： **Fluids** have no definite shape. 流動体は定まった形を持たない.

③ **fluent** /flúːənt/　＜ flu（流れる）＋ ent（…している）＞

形 （言葉が）よどみのない，流暢な： Helen speaks **fluent** Japanese. ヘレンは流暢な日本語をしゃべる.

fluently /flúːəntli/ 副 流暢に，すらすらと．

④ **affluent** /ǽfluːənt/ ＜ af (＝ ad…の方へ) ＋ flu (流れる) ＋ ent (…している) ＞
形 豊かな，豊富な：We live in an **affluent** society. 私たちは豊かな社会で暮らしている．
affluence /ǽfluːəns/ 名 豊かさ，豊富．

⑤ **superfluous** /supə́ːfluəs/ ＜ super (越えて) ＋ flu (流れる) ＋ ous (…性の) ＞
形 余分の，余計な：His room has no **superfluous** decoration. 彼の部屋は余分な装飾がない．

⑥ **influx** /ínflʌks/ ＜ in (中に) ＋ flux (流れる) ＞
名 流入；殺到：There is a great **influx** of tourists in the summer. 夏には大量の観光客の流入がある．

⑦ **fluctuate** /flʌ́ktʃuèit/ ＜ fluct (流れ) ＋ ate (…にする) ＞
動 上下に揺れる；変動する：The indicator **fluctuated** between 90 and 100 kph. その指針は時速90キロと100キロの間を上下していた．

⑧ **influenza** /ìnfluénzə/ ＜ in (中に) ＋ flu (流れる) ＋ enza (状態) ＞
名 インフルエンザ：He has caught **influenza**. 彼はインフルエンザにかかった．

> ＊influenza は influence に相当するイタリア語である．くだけた言い方では短縮して flu という：You have the **flu**. あなたはインフルエンザです．

その他の同語源の語

⑨ **flux** /flʌks/ 名 流れ，流動．
⑩ **conflu**ence /kánfluːəns/ 名 合流点，合体 (←共に流れるもの)．
⑪ **efflu**ent /éfluːənt/ 名 廃液，排水 (←外に流れ出ている (もの))．
⑫ **reflux** /ríːflʌks/ 名 退流，逆流．
⑬ **flu**me /flúːm/ 名 人工水路，用水路．
⑭ **flo**od /flʌ́d/ 名 洪水；あふれること (←あふれて流れるもの)．
⑮ **flow**chart /flóutʃɑ̀ːrt/ 名 流れ図，フローチャート．

form (形)

①	**form**	形；形作る
②	**form**al	(型にはまった)→公式の
③	in**form**	(心の中に形を作る)→通知する
④	re**form**	(再び形を作る)→改革する
⑤	**form**ula	(小さな型)→公式
⑥	trans**form**	(形を他へ移す)→一変させる
⑦	uni**form**	(1つの形)→制服
⑧	con**form**	(共に形を作る)→(規則に)従う
⑨	per**form**	(完全に成し遂げる)→実行する

ユニフォーム (uniform)

例文・派生語

① **form** /fɔ́ərm/
名 形態；形式；用紙；形：There are several **forms** of government. 政治の形態にはいくつかある．
— **動** 形作る，形成する；構成する；形を成す：Humans **form** social groups. 人間は社会集団を形成する．
form**ation** /fɔərméɪʃən/ **名** 構成，編成．

② **form**al /fɔ́ərm(ə)l/ ＜ form (形) + al (…の性質の) ＞
形 改まった；公式の：She wrote me a letter in **formal** language. 彼女は私にとても改まった言葉で手紙を書いてきた．(⇔ in**formal** **形** 格式ばらない，くだけた)
formal**ity** /fɔərmǽləti/ **名** 形式的なこと[手続き]．
formal**ize** /fɔ́ərməlàɪz/ **動** 正式にする．　**form**al**ly** /fɔ́ərməli/ **副** 正式に．

③ in**form** /ɪnfɔ́ərm/ ＜ in (中に) + form (形作る) ＞
動 通知する，知らせる：I **informed** her of my arrival time. 私は彼女に私の到着時間を知らせた．
in**form**ation /ìnfərméɪʃən/ **名** 情報，ニュース；知識；案内．

語根で覚える英単語

④ reform /rɪfɔ́ːm/ ＜ re（再び）＋ form（形作る）＞
動 改革する： The government is trying to **reform** the tax system. 政府は税制を改革しようとしている． ── **名** 改革．
reform**ation** /rèfəméɪʃən/ **名** 改善，改革． reform**er** /rɪfɔ́ːmɚ/ **名** 改革者．

⑤ formula /fɔ́ːmjʊlə/ ＜ form（形）＋ ula（小さい）＞
名 方式，案；公式： The two countries are trying to work out a **formula** for a cease-fire. 両国は停戦案を見つけ出そうと努めている．
formul**ate** /fɔ́ːmjʊlèɪt/ **動** 案出する，編み出す．

⑥ transform /trænsfɔ́ːm/ ＜ trans（別の状態に）＋ form（形作る）＞
動 一変させる；変形させる： The theme park **transformed** the town into a tourist resort. そのテーマパークはその町を観光地へと一変させた．
transform**ation** /trænsfɚméɪʃən/ **名** 変形，変化．

⑦ uniform /júːnəfɔ̀ːm/ ＜ uni（1つ）＋ form（形）＞
動 制服，ユニフォーム： We wear a school **uniform** at our school. 私たちの学校には制服があります． ── **形** 一様な．
uniform**ed** /júːnəfɔ̀ːmd/ **形** 制服を着た． uniform**ity** /jùːnəfɔ́ːməti/ **名** 一様，均一．

⑧ conform /kənfɔ́ːm/ ＜ con（共に）＋ form（形作る）＞
動 （規則に）従う： You should **conform** to the local customs. その土地の慣習には従うべきだ．
conform**ity** /kənfɔ́ːməti/ **名** 体制順応． conform**ist** /kənfɔ́ːmɪst/ **名** 順応する人．

⑨ perform /pɚfɔ́ːm/ ＜ per（完全に）＋ form（達成する）＞
動 演じる，上演する，演奏する；実行する： They **performed** *Romeo and Juliet* last week. 彼らは「ロミオとジュリエット」を先週上演した．
perform**ance** /pɚfɔ́ːməns/ **名** 公演；性能；実行．

その他の同語源の語

⑩ **de**form /dɪfɔ́ːm/ **動** 不格好にする（←形から離れる）
⑪ **form**at /fɔ́ːmæt/ **名** 体裁，型，フォーマット（←形作られた（本））．

fuse（注ぐ）= pour

① con**fuse** （一緒に注ぎ込む）→困惑させる
② re**fuse** （注ぎ返す）→断わる
③ dif**fuse** （あちこちに注ぐ）→拡散させる
④ in**fuse** （中に注ぐ）→吹き込む
⑤ **fuse** （注げるようになる）→溶ける；ヒューズ

◀上着とネクタイを
着用しない人には入場を断わる（refuse）

例文・派生語

① confuse /kənfjúːz/ ＜con（一緒に）＋fuse（注ぐ）＞

名 困惑させる；混同する：She was deeply **confused** by the unexpected question. 彼女はその予想外の質問でひどく困惑した.
confus**ion** /kənfjúːʒən/ 名 混同；不明瞭さ；混乱；困惑.
confus**ed** /kənfjúːzd/ 形 困惑した；混乱した.
confus**ing** /kənfjúːzɪŋ/ 形 困惑させる；紛らわしい.

② refuse /rɪfjúːz/ ＜re（元に）＋fuse（注ぐ）＞

動 断わる，拒絶する，拒む：I was **refused** admittance for lack of a jacket and tie. 上着とネクタイを着用していなかったので入場を断わられた.
refus**al** /rɪfjúːz(ə)l/ 名 拒絶，拒否.

③ diffuse /dɪfjúːz/ ＜dif（= dis 離れて）＋fuse（注ぐ）＞

動 拡散させる，発散させる：The color of sunset is caused by particles **diffused** through the atmosphere. 夕焼けの色は大気中に拡散された粒子によって生み出される.
diffus**ion** /dɪfjúːʒən/ 名 拡散，発散.

④ infuse /ɪnfjúːz/ ＜in（中に）＋ fuse（注ぐ）＞

動 吹き込む，注入する：The coach **infused** the team with his own fighting spirit. そのコーチはチームに独自の闘争心を吹き込んだ．
infus**ion** /ɪnfjúːʒən/ **名** 注入，吹き込み．

⑤ fuse /fjúːz/

名 ヒューズ：The **fuse** has blown. ヒューズが飛んだ．
── **動** （金属）を融合させる；（金属が）溶ける．
fus**ion** /fjúːʒən/ **名** 融合；溶解．

その他の同語源の語

⑥ pro**fuse** /prəfjúːs/ **形** 多量の；気前のよい（←前に注ぐ）．
profus**ion** /prəfjúːʒən/ **名** 多量，多様．
profuse**ly** /prəfjúːsli/ **副** 多量に．

⑦ suf**fuse** /səfjúːz/ **動** 覆う，いっぱいにする（←下に注ぐ）．
suffus**ion** /səfjúːʒən/ **名** 覆うこと，みなぎること．

gen（生む）= produce

①	**gen**erate	生み出す
②	**gen**eration	（同じ元から生まれたもの）→世代
③	**gen**eral	（種族全体の）→一般の
④	**gen**erous	（貴族の生まれの）→気前のよい
⑤	**gen**tle	（生まれのよい）→優しい
⑥	**gen**uine	（生まれつきの）→本物の
⑦	**gen**ius	（生まれながらの能力）→天才

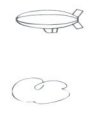

◀彼は妻や子に
やさしい（gentle）

例文・派生語

① **generate** /dʒénərèit/ ＜gen（生む）+ ate（…にする）＞
動 生み出す，引き起こす：Italy often **generates** strong emotions in tourists. イタリアは観光客にしばしば強い感動を引き起こす．
degenerate /dɪdʒénərèit/ **動** 悪化する，退化する．

② **generation** /dʒènəréiʃən/ ＜gen（生む）+ ate（…にする）+ ion（こと）＞
名 世代，同時代の人々：My **generation** is very worried about the worsening environment. 私の世代は環境の悪化を心配している．

③ **general** /dʒén(ə)rəl/ ＜gen（生む→種族）+ al（…に関する）＞
形 一般の；一般的な；概略の：It will take some time for the product to be accepted by the **general** public. その製品が一般の人々に受け入れられるにはしばらく時間がかかるだろう．── **名** 陸軍[空軍]大将．

generalize /ʤén(ə)rəlàɪz/ 動 概括する，一般論として言う．
generality /ʤènərǽləti/ 名 一般論，概論． generally /ʤén(ə)rəli/ 副 一般に；広く．

④ generous /ʤén(ə)rəs/ ＜ gen（生む→種族）＋ ous（…の特徴を持つ）＞

形 気前のよい；寛大な： He is **generous** to his friends. 彼は友人達に気前がいい．
generosity /ʤènərásəti/ 名 気前のよさ；寛大．

⑤ gentle /ʤéntl/

形 優しい；穏やかな： He is kind and **gentle** with his wife and children. 彼は妻や子供に親切で優しい．
gentleness /ʤéntlnəs/ 名 優しさ；穏やかさ． gently /ʤéntli/ 副 穏やかに，優しく．
gentleman /ʤéntlmən/ 名 紳士；男性（←家柄のよい男性）．

⑥ genuine /ʤénjuɪn/ ＜ gen（生む）＋ ine（…の性質を持つ）＞

形 本物の： This is a **genuine** picture by Monet. これは本物のモネの絵です．

⑦ genius /ʤíːnjəs/

名 天才： **Genius** is one percent inspiration and ninety-nine percent perspiration. 天才とは 1 パーセントの霊感と 99 パーセントの発汗である《Edison の言葉》．

その他の同語源の語

⑧ gene /ʤíːn/ 名 遺伝子（←生み出す素）．
⑨ gender /ʤéndɚ/ 名 性別（←生まれ持った性質，種類）．
⑩ genre /ʒάːnr(ə)/ 名 ジャンル，形式（←種類←生む）．
⑪ hydrogen /háɪdrəʤən/ 名 水素（←水を生み出すもの）．
⑫ oxygen /ɑ́ksɪʤən/ 名 酸素（←酸を生み出すもの）．
⑬ nitrogen /náɪtrəʤən/ 名 窒素（←硝石を生み出すもの）．
⑭ genteel /ʤentíːl/ 形 気取った，上品ぶった（←生まれのよい）．
⑮ gentry /ʤéntri/ 名 上流階級の人たち（←生まれのよさ）．
⑯ engender /ɪnʤéndɚ/ 動 引き起こす，発生させる（←生み出す）．
⑰ genial /ʤíːniəl/ 形 親切な，優しい（←生み出す力のある）．
⑱ genesis /ʤénəsɪs/ 名 創世記；起源（←生み出すこと）．
⑲ engine /énʤɪn/ 名 エンジン（←生まれつきの才能（による発明））．
⑳ engineer /ènʤəníɚ/ 名 技師，エンジニア（←生まれつき才能を持つ人）．

grade（段階）

① **grade** 等級
② **grad**uate （学位を取る[与える]）→卒業する
③ **grad**ual （段階の）→徐々に進む

卵の等級（grade）▶

例文・派生語

① **grade** /gréɪd/
名 成績；学年；等級：Grades are important, but they are not everything. 成績は大事だが，それがすべてではない．── **動** …に等級をつける
gradation /greɪdéɪʃən/ **名** 段階，等級．

② **graduate** /grǽdʒuèɪt/ ＜ grade（段階→学位）＋ ate（…にする）＞
動 卒業する：George **graduated** from Yale University with honors in physics. ジョージはエール大学の物理学科を優等で卒業した．── **名** /grǽdʒuət/ 卒業生．
undergraduate /ʌ̀ndəgrǽdʒuət/ **名** 学部生（←卒業する前の段階の者）．
postgraduate /pòʊs(t)grǽdʒuət/ **名** 大学院生（←卒業した後の段階の者）．

③ **gradual** /grǽdʒuəl/ ＜ grad（段階）＋ al（…の）＞
形 徐々に進む，漸進的な：The improvement in quality has been **gradual** but steady. 品質は徐々にではあるが着実に改善されつつある．
gradually /grǽdʒuəli/ **副** だんだんと，次第に，徐々に．

その他の同語源の語

④ de**grade** /dɪgréɪd/ **動** 品位[価値]を落とす（←下の段階へ下げる）．
⑤ **grad**ient /gréɪdiənt/ **名** 勾配，傾斜度（←段階を踏み行く状態）．
⑥ retro**grade** /rétrəgrèɪd/ **形** 後退する；退化する（←元の段階に戻る）．
⑦ de**gree** /dɪgríː/ **名** 度；程度；学位（←下への段階）．

語根で覚える英単語

gram（書いたもの）= writing

① pro**gram**　（前もって書いたもの）→番組
② tele**gram**　（遠くから書いたもの）→電報
③ **gram**mar　（書いたもの）→文法

◀ プログラマー（programmer）

例文・派生語

① **program** /próʊɡræm/ ＜ pro（前に）＋ gram（書いたもの）＞

名 番組；計画；プログラム：You should be more selective about the TV **programs** you watch. あなたは自分が見るテレビ番組をもっと選ぶべきだ．
programmer /próʊɡræmɚ/ 名 プログラマー．

② **telegram** /téləɡræm/ ＜ tele（遠い）＋ gram（書いたもの）＞

名 電報：I received a **telegram** saying that my uncle had arrived. 私はおじが到着したという電報を受け取った．

③ **grammar** /ɡrǽmɚ/

名 文法：I believe both English conversation and English **grammar** are important. 私は英会話も英文法も重要だと思います．
gramma**tical** /ɡrəmǽtɪk(ə)l/ 形 文法（上）の．
（⇔ **un**grammatical 形 文法にかなっていない）

その他の同語源の語

④ dia**gram** /dáɪəɡræm/ 名 図，図形（←横切って書かれたもの）．
⑤ epi**gram** /épɪɡræm/ 名 警句；風刺詩（←…の上に書いたもの）．
⑥ radio**gram** / réɪdioʊɡræm/ 名 無線電報（←無線によって書いたもの）．

graph（書くこと）= writing

① graph グラフ
② photo**graph** （光で書いたもの）→写真
③ para**graph** （わきに書いた印）→段落
④ tele**graph** （遠くから書くこと）→電報
⑤ geo**graph**y （土地の記録）→地理学
⑥ bio**graph**y （生涯の記録）→伝記
⑦ autobio**graph**y （自分の生涯の記録）→自叙伝
⑧ auto**graph** （自分で書いたもの）→サイン

写真
(photograph)

例文・派生語

① **graph** /grǽf/

名 グラフ，図表：This **graph** shows the rates of economic growth. このグラフは経済成長率を示している．
graphic /grǽfɪk/ **形** 生々しい；グラフの．

② **photograph** /fóʊtəgrǽf/ ＜ photo（光）＋ graph（書いたもの）＞

名 写真：I want to have my **photograph** taken with this camera. このカメラで私の写真を撮ってもらいたい．
photographic /fòʊtəgrǽfɪk/ **形** 写真の．**photograph**y /fətágrəfi/ **名** 写真術．
photographer /fətágrəfɚ/ **名** カメラマン．

＊新聞や雑誌などの写真を撮る人を日本では「カメラマン」と呼んでいるが，英語では普通 photographer という．英語の cameraman は映画やテレビの撮影をする人を指す．

---

③ **paragraph** /pǽrəgrǽf/ ＜ para（わきに）＋ graph（書いたもの）＞

名 段落，パラグラフ：A **paragraph** usually consists of four to eight sentences. パラグラフは通常4つから8つの文から成る．

④ **telegraph** /téləgræf/ ＜ tele（遠い）＋ graph（書くこと）＞

名 電報，電信：I sent the message by **telegraph**. 私はそのメッセージを電報で送った．

telegraph**ic** /tèləgrǽfɪk/ 形 電信の．

⑤ **geography** /dʒiágrəfi/ ＜ geo（土地）＋ graphy（記録）＞

名 地理学：I have four **geography** classes a week. 私は週に4時間地理の授業があります．

geograph**ical** /dʒìːəgrǽfɪk(ə)l/ 形 地理学（上）の．

⑥ **biography** /baɪágrəfi/ ＜ bio（生涯）＋ graphy（記録）＞

名 伝記：I'm now reading a **biography** of Thomas Edison. 今トマス・エジソンの伝記を読んでいるところです．

biograph**ical** /bàɪəgrǽfɪk(ə)l/ 形 伝記の．

⑦ **autobiography** /ɔːtəbaɪágrəfi/ ＜ auto（自分）＋ bio（生涯）＋ graphy（記録）＞

名 自叙伝，自分史：He published his **autobiography** last month. 彼は先月，自叙伝を出版した．

autobiograph**ical** /ɔːtəbàɪəgrǽfɪk(ə)l/ 形 自伝風の．

⑧ **autograph** /ɔ́ːtəgræf/ ＜ auto（自分）＋ graph（書いたもの）＞

名 サイン，自署：May I have your **autograph**? サインをもらえますか．

＊芸能人やスポーツ選手などのサインを autograph といい，サイン会を autographing session という．また日本の捺印（なついん）に相当するサインは signature という：Could we have your **signature** on this document?（この書類に署名していただけますか．）なお sign には日本語の「サイン」（署名）に当たる名詞の用法はなく，動詞としての用法のみである：**Sign** here, please.（こちらにサインをお願いします．）

その他の同語源の語

⑨ steno**graphy** /stənágrəfi/ 名 速記（術）．（←小さく書くこと）
⑩ calli**graph**y /kəlígrəfi/ 名 書道（←美しい書法）

gress（進む）= go

① pro**gress** （前へ進む（こと）） →進歩(する)
② ag**gress**ive （…の方へ進む） →攻撃的な
③ con**gress** （共に進む→一緒に集まる（こと）） →国会
④ re**gress** （後ろに進む） →戻る

◀(米国の)国会（Congress）が開かれる議事堂

例文・派生語

① **progress** /prágrəs/ ＜pro（前へ）＋gress（進む）＞

名 進歩，発達：He is making gradual **progress** with his English. 彼の英語は少しずつ進歩している．

— 動 /prəgrés/ 進歩する：She is **progressing** in French little by little. 彼女のフランス語は少しずつ進歩している．

progress**ive** /prəgrésɪv/ 形 進歩的な，革新的な．
progress**ion** /prəgréʃən/ 名 進行，推移．

② **aggressive** /əgrésɪv/ ＜ag（＝ad…の方へ）＋gress（進む）＋ive（…の性質を持つ）＞

名 攻撃的な；積極的な：His tone was rather **aggressive**. 彼はかなり攻撃的な口調だった．

aggressive**ly** /əgrésɪvli/ 副 攻撃的に；積極的に．
aggressive**ness** /əgrésɪvnəs/ 名 攻撃性；積極性．
aggress**ion** /əgréʃən/ 名 侵略，攻撃．
aggress**or** /əgrésɚ/ 名 侵略者［国］．

③ **congress** /kάngrəs/ ＜con（共に）＋ gress（進む）＞

名 (米国の)国会, 議会： **Congress** will convene next week. 来週議会が開かれる.
congress**ional** /kəngréʃ(ə)nəl/ **形** 議会の, 国会の.
congress**man** /kάngrəsmən/ **名** 下院議員《男性》.
congress**woman** /kάngrəswùmən/ **名** 下院議員《女性》.

＊ Congress は米国・中南米の共和国などの国会に用い, 英国・英連邦の自治領の議会には Parliament を, 日本・デンマークなどの国会には the Diet を用いる.

---

④ **regress** /rɪgrés/ ＜re（後ろに）＋ gress（進む）＞

動 戻る；退歩する： The old man has **regressed** to his childhood. その老人は退化して子供に戻ってしまった.
regress**ive** /rɪgrésiv/ **形** 退歩する.
regress**ion** /rɪgréʃən/ **名** 後戻り, 後退.

その他の同語源の語

⑤ di**gress** /daɪgrés/ **動** わき道へそれる, 脱線する（←離れて進む）.
⑥ e**gress** /íːgres/ **名** 出て行くこと；外に出る権利（←外に進む（こと））.
⑦ in**gress** /íngres/ **名** 入ること；中に入る権利（←中に進む（こと））.
⑧ trans**gress** /trænsgrés/ **動** 逸脱する；違反をする（←越えて進む）.
⑨ retro**gress**ive /rètrəgrésɪv/ **形** 逆行的な, 逆戻りの（←後ろへ進む）.
⑩ in**gre**dient /ɪngríːdiənt/ **名** (料理の)材料；成分（←中に入るもの）.

hap (偶然) = chance

① **hap**pen　偶然起こる
② **hap**py　（偶然の）→幸福な
③ per**hap**s　（偶然によって）→ことによると

偶然起こる（happen）▶

例文・派生語

① happen /hǽp(ə)n/ ＜ hap (偶然) + en (…になる)＞

動 (偶然) 起こる；たたまた…する： Accidents can **happen** to anybody. 事故はだれにでも起こるものだ.
happen**ing** /hǽp(ə)nɪŋ/ **名** 出来事，事件.

② happy /hǽpi/ ＜ hap (偶然) + y (…の)＞

形 幸福な，楽しい；満足した： Ann is **happy** in her present work. アンは今の仕事に満足している.
(⇔ **un**happy **形** 不幸な；不満な)
happ**iness** /hǽpinəs/ **名** 幸福，幸運.
(⇔ **un**happiness **名** 不幸，不運)
happ**ily** /hǽpɪli/ **副** 幸福に，愉快に；幸いにも.
(⇔ **un**happily **副** 不幸に，不運に)

③ perhaps /pɚhǽps/ ＜ per (…による) + hap (偶然) + s (複数形)＞

副 ことによると，もしかしたら，たぶん： **Perhaps** I'll come to see you next Sunday. もしかしたら次の日曜日にお伺いするかもしれません.

その他の同語源の語

④ **hap**hazard /hǽphæzɚd/ **形** でたらめな（←偶然に出たさいころの目）.
⑤ **hap**less /hǽpləs/ **形** 不運[不幸]な（←幸運のない）.

語根で覚える英単語

host (客) = guest

① **hos**pital （客をもてなす(所)）→病院
② **host** 客をもてなす男性
③ **host**age （客の状態）→人質

人　質▶
(hostage)

例文・派生語

① hospital /háspɪtl/ ＜ host (客) + al (…に関する)＞

名 病院：She was rushed to the **hospital** by ambulance. 彼女は救急車で病院へかつぎ込まれた．
hospital**ize** /háspɪtəlàɪz/ **動** 入院させる．

② host /hóʊst/

名 客をもてなす男性，接待役，主催者：Bill acted as **host** at the party. ビルがパーティーの接待役を務めた．—— **動** …のホスト役を務める．
host**ess** /hóʊstəs/ **名** 客をもてなす女性，案内係の女性．

③ hostage /hástɪdʒ/ ＜ host (客→敵) + age (状態)＞

名 人質：The terrorists kidnapped the diplomats and held them **hostage**. テロリストたちは外交官を誘拐して人質にした．

その他の同語源の語

④ **host**el /hástl/ **名** 簡易宿泊所，ユースホステル(← hospital の変化形)．
⑤ **host**ile /hástl/ **形** 敵意のある(←客に関する)．
　host**ility** /hɑstíləti/ **名** 敵意；大反対．
⑥ **hos**pitable /háspɪtəbl/ **形** もてなしのよい(←客をもてなす)．
　hospital**ity** /hàspətǽləti/ **名** 親切にもてなすこと，歓待．
⑦ **hos**pice /háspɪs/ **名** ホスピス(←客をもてなす所)．
⑧ **hot**el /hòʊtél/ **名** ホテル(← hostel の変化形)．

ject (投げる) = throw

① **ob**ject   （…に対して投げられたもの）→対象
② pro**ject**   （前へ投げる）→予測する；計画
③ re**ject**   （投げ返す）→拒絶する
④ sub**ject**   （下に投げられたもの）→主題
⑤ in**ject**   （中へ投げ入れる）→注射する
⑥ ad**ject**ive   （名詞に投げ添えられたもの）
　　　　　　　　→形容詞
⑦ inter**ject**ion   （間に投げ入れたもの）→間投詞
⑧ e**ject**   （外に投げる）→追い出す

注射する (inject)

例文・派生語

① **object** /ábdʒɪkt/ ＜ ob（…に対して）＋ ject（投げる）＞
名 物；対象；目的；目的語： I saw a strange **object** in the sky overhead. 頭上に奇妙な物体が見えた.
── **動** /əbdʒékt/ 反対する： He **objected** to my going there alone. 彼は私が一人でそこへ行くことに反対した.
object**ive** /əbdʒéktɪv/ **名** 目的；**形** 客観的な． object**ion** /əbdʒékʃən/ **名** 異議，反対.

② **project** /prədʒékt/ ＜ pro（前へ）＋ ject（投げる）＞
動 予測する；映写する： Some experts **project** that half of the languages in the world will die out by the end of this century. 世界の言語の半数は今世紀末までに死滅するだろうと予測する専門家がいる.
── **名** /prádʒekt/ 計画： They are carrying out a **project** to build a new city. 新都市を建設する計画が進められている.
project**ion** /prədʒékʃən/ **名** 予測． project**or** /prədʒéktə/ **名** 映写機.

③ **reject** /rɪdʒékt/ ＜ re（元へ）＋ ject（投げる）＞
動 拒絶する，拒否する： Our proposal was **rejected**. 私たちの提案は拒否された.
reject**ion** /rɪdʒékʃən/ **名** 拒絶.

語根で覚える英単語

④ **subject** /sʌ́bdʒɪkt/　＜ sub（下に）＋ ject（投げる）＞
- 名 主題, テーマ；科目；主語： We are getting away from the **subject** under discussion. 私達は議論のテーマからそれつつある.
— 形 …にかかりやすい, 受けやすい： Japan is **subject** to severe earthquakes. 日本には大地震が起こりやすい.
— 動 /səbdʒékt/ 服従させる, 支配下に置く： The king **subjected** the neighboring countries to his rule. その王は近隣諸国を支配下に置いた.
subject**ive** /səbdʒéktɪv/ 形 主観的な.
subject**ion** /səbdʒékʃən/ 名 支配；服従.

⑤ **inject** /ɪndʒékt/　＜ in（中へ）＋ ject（投げる）＞
- 動 注射する： The doctor **injected** the patient with antibiotics. 医者はその患者に抗生物質を注射した.
inject**ion** /ɪndʒékʃən/ 名 注射.

⑥ **adjective** /ǽdʒɪktɪv/　＜ ad（…に）＋ ject（投げる）＋ ive（…の性質を持つ）＞
- 名 形容詞： I can't think of a good **adjective** to describe her. 彼女の特徴を表すのにぴったりした形容詞が思いつかない.

⑦ **interjection** /ɪ̀ntɚdʒékʃən/　＜ inter（間に）＋ ject（投げる）＋ ion（もの）＞
- 名 感嘆詞, 間投詞： **Interjections** often take an exclamation mark. 間投詞には感嘆符がつくことが多い.

⑧ **eject** /ɪdʒékt/　＜ e（＝ ex 外に）＋ ject（投げる）＞
- 動 追い出す；取り出す： He was **ejected** from the meeting. 彼はその会合から摘（つま）み出された.
eject**ion** /ɪdʒékʃən/ 名 追放, 退場.

その他の同語源の語

⑨ **jet** /dʒét/ 名 ジェット機；噴出（←噴き出す（こと））.
⑩ **dejected** /dɪdʒéktɪd/ 形 がっかりした, 落胆した（←下へ投げられた）.
⑪ **abject** /ǽbdʒekt/ 形 みじめな；ひどい（←離れて投げ（捨て）られた）.
⑫ **conjecture** /kəndʒéktʃɚ/ 名 推量, 推測（←一緒に投げ入れること）.

journ（日）= day

① **journ**ey （1日の(旅程)）→旅行
② **journ**al （毎日の(記録)）→日刊新聞
③ ad**journ** （特定の日に(移す)）→延期する

日刊新聞（journal）▶

例文・派生語

① **journey** /ʤə́ːni/ ＜journ（日）+ ey（= y …の）＞
名 旅行，旅；旅程：He traveled through Spain on a two-month **journey**. 彼はスペインへ2か月の旅行をした．

② **journal** /ʤə́ːn(ə)l/ ＜journ（日）+ al（…の）＞
名 機関誌；日刊新聞；日記：The results of his study were published in the **journal**. 彼の研究結果はその機関誌に発表された．
journalism /ʤə́ːnəlìzm/ **名** ジャーナリズム，新聞雑誌界．
journalist /ʤə́ːnəlɪst/ **名** ジャーナリスト，新聞雑誌記者．
journalistic /ʤə̀ːnəlístɪk/ **形** 新聞・雑誌的な，ジャーナリスティックな．

③ **adjourn** /əʤə́ːn/ ＜ad（…に）+ journ（日）＞
動 延期する，休会する；延期となる：The meeting was **adjourned** until the following week. 会議は翌週まで延期された．
adjournment /əʤə́ːnmənt/ **名** 延期，休会．

その他の同語源の語

④ **sojourn** /sóʊʤəːn/ **名** 滞在，逗留；**動** 滞在する，逗留する（←一日を過ごす←一日の間）．
⑤ **journeyman** /ʤə́ːnimən/ **名** 職人（←日雇いの人）．

labor (労働)

① **labor** 労働；骨折る
② **labor**atory （労働する場所）→実験室
③ e**labor**ate （大いに努力した）
→苦心して作った
④ col**labor**ate 共同して働く

実験室 (laboratory)

例文・派生語

① labor, 《英》labour /léɪbər/

名 労働, 仕事；労働者；分娩(ぶんべん)：He was accustomed to hard physical **labor**. 彼はきつい肉体労働に慣れていた. —— **動** 骨折る, 努力する；労働する.
labor**ious** /ləbɔ́ːriəs/ **形** 骨の折れる；骨折って作り上げた.
labor**er**,《英》labour**er** /léɪb(ə)lər/ **名** 労働者.

② laboratory /lǽb(ə)rətɔ̀ːri/ ＜ labor (労働) + ate (…する) + ory (場所) ＞

名 実験室, 研究室[所]：He sent the specimen to a **laboratory** for analysis. 彼はその標本を分析してもらうために実験室へ送った.

③ elaborate /ɪlǽb(ə)rət/ ＜ e (= ex 完全に) + labor (労働) + ate (…のある) ＞

形 苦心して作った；手の込んだ, 凝った：There are several **elaborate** architectural pieces of the Victorian era in this city. この市にはヴィクトリア時代の凝った建物がいくつかあります. —— **動** /ɪlǽbərèɪt/ 詳細に述べる.
elaborate**ly** /ɪlǽb(ə)rətli/ **副** 苦心して, 精巧に.
elabora**tion** /ɪlæ̀bəléɪʃən/ **名** 骨を折って作ること, 精巧.

④ collaborate /kəlǽbərèɪt/ ＜ col (= com 共に) + labor (労働) + ate (…する) ＞

動 共同して働く, 協力する：He **collaborated** with the composer to create a splendid musical. 彼は作曲者と協力してすばらしいミュージカルを作った.
collabora**tion** /kəlæ̀bəréɪʃən/ **名** 共同作業, 協力, 共同研究.
collabora**tive** /kəlǽb(ə)rətɪv/ **形** 共同の. collabora**tor** /kəlǽbərèɪtər/ **名** 協力者.

lect (選ぶ，集める) = choose, gather

① e**lect** (選び出す) →選挙する
② col**lect** (共に選ぶ) →集める
③ se**lect** (別に選び出す) →選ぶ
④ **lect**ure (集めたものを読むこと) →講義
⑤ neg**lect** (選ぶことをしない) →怠る
⑥ dia**lect** (間で話される(もの)) →方言
⑦ intel**lect** (中から選び出す(能力)) →知性

ミニカーを収集する (collect)

例文・派生語

① **elect** /ɪlékt/ ＜e (= ex 外へ) + lect (選ぶ)＞
動 選挙する，選出する，選ぶ：The committee **elected** him chairman. 委員会は彼を議長に選んだ．
elect**ion** /ɪlékʃən/ 名 選挙；選出，当選．elect**oral** /ɪléktərəl/ 形 選挙の．
elect**ive** /ɪléktɪv/ 形 選挙によって決められる，選択の；名 選択科目．
elect**or** /ɪléktɚ/ 名 選挙人，有権者．elect**orate** /ɪléktərət/ 名 選挙民．

② **collect** /kəlékt/ ＜col (= com 共に) + lect (集める)＞
動 集める，収集する；徴収する：He **collects** the autographs of baseball players. 彼は野球選手のサインを集めている．
collect**ion** /kəlékʃən/ 名 収集物，コレクション．
collect**ive** /kəléktɪv/ 形 集合的な，集団的な．collect**or** /kəléktɚ/ 名 収集家．
recollect /rèkəlékt/ 動 思い起こす，思い出す (←再び集める)．
recollect**ion** /rèkəlékʃən/ 名 思い出すこと；思い出，記憶．

③ **select** /səlékt/ ＜se (離れて) + lect (選ぶ)＞
動 選ぶ，選択する：They have **selected** a design for the peace memorial. 彼らは平和記念碑のデザインを選んだ．── 形 えり抜きの．
select**ion** /səlékʃən/ 名 選択；選んだもの．select**ive** /səléktɪv/ 形 えり好みする．

④ **lecture** /léktʃɚ/ ＜ lect（集める→読む）＋ ure（こと）＞

名 講義, 講演：His **lecture** drew a large audience. 彼の講演は大勢の聴衆を集めた.
— **動** 講義する, 講演する：The professor **lectured** on environmental protection. 教授は環境保護について講義をした.
lectur**er** /léktʃ(ə)rɚ/ **名** 講演者, 講義をする人；講師.

⑤ **neglect** /nɪglékt/ ＜ neg（…しない）＋ lect（選ぶ）＞

動 怠る, おろそかにする, 無視する：Don't you think that agriculture is **neglect**-**ed** these days? 最近農業がおろそかにされていると思いませんか.
— **名** 怠慢：He was dismissed for **neglect** of duty 彼は職務怠慢で解雇された.
neglect**ful** /nɪgléktf(ə)l/ **形** 怠慢な.

⑥ **dialect** /dáɪəlèkt/ ＜ dia（間で）＋ lect（集める→話す）＞

名 方言：His Scottish **dialect** sounded peculiar to me. 彼のスコットランド方言は私の耳には奇妙に聞こえた.

⑦ **intellect** /íntəlèkt/ ＜ intel（= inter 中で）＋ lect（選ぶ）＞

名 知性；知識人：Literature stimulates both the **intellect** and the senses. 文学は知性も感性も刺激する.
intellect**ual** /ìntəléktʃʊəl/ **形** 知的な, 知性の高い.

その他の同語源の語

⑧ ec**lect**ic /ekléktɪk/ **形** 折衷主義の, 折衷的な（←外から選ばれた）.
⑨ e**leg**ant /éləgənt/ **形** 優雅な, 上品な（←注意深く選んだ）.
⑩ col**leg**e /kálɪdʒ/ **名** 大学（←選ばれた者の集まり）.
⑪ **leg**end /lédʒənd/ **名** 伝説（←選んで読まれるべきもの）.
⑫ col**leag**ue /káliːg/ **名** 同僚, 仲間（←共に選ばれた者）.
⑬ e**lig**ible /élɪdʒəbl/ **形** 資格がある, 適任の（←選び出すことのできる）.
⑭ intel**lig**ent /ɪntélədʒənt/ **形** 知能の高い, 理知的な（←選び出す能力）.
⑮ di**lig**ent /dílədʒənt/ **形** 勤勉な, せっせと励む（←せっせと選び分ける）.
⑯ e**lit**e /eɪlíːt/ **名** エリート, えり抜きの人たち（←選び出された（人））.

magni (大きい) = great

① **magni**fy （大きくする）→拡大する
② **magni**ficent （大きくした）
　　　　　　　→壮大な
③ **magni**tude （大きいこと）→大きさ

拡大する (magnify)

例文・派生語

① **magnify** /mǽgnəfài/ ＜ magni (大きい) ＋ fy (…にする)＞

動 拡大する：This microscope **magnifies** things 1000 times. この顕微鏡は物体を千倍に拡大する.
magnifi**cation** /mæ̀gnəfikéiʃən/ 名 拡大. magnifi**er** /mǽgnəfàiɚ/ 名 拡大鏡.

② **magnificent** /mægnífəs(ə)nt/ ＜ magni (大きい) ＋ fic (作る) ＋ ent (…している)＞

形 壮大な，すばらしい：The castle on the hill overlooks **magnificent** scenery. その丘の上の城からは壮大な風景を見下ろすことができる.
magnificen**ce** /mægnífəs(ə)ns/ 名 壮大さ，荘厳.

③ **magnitude** /mǽgnət(j)ùːd/ ＜ magni (大きい) ＋ tude (こと)＞

名 大きさ；重要さ：Do you know how to determine the **magnitude** of an earthquake? 地震の大きさをどのようにして決めるのか知っていますか.

その他の同語源の語

④ **magi**strate /mǽdʒəstrèit/ 名 治安判事（←偉大な人の職）.
⑤ **magn**ate /mǽgneit/ 名 有力者，大立者（←偉大な職の人）.
⑥ **magn**animous /mægnǽnəməs/ 形 度量の大きい，寛大な.
⑦ **ma**ximum /mǽksəməm/ 形 最大の，最高の；名 最大限.
⑧ **ma**ster /mǽstɚ/ 名 名人；主人；修士；動 …に熟練する（←偉大な人）.

語根で覚える英単語

maj (大きい) = great

① **maj**or （より大きい）→大きい方の；専攻科目
② **maj**ority （より大きい状態）→大多数
③ **maj**esty （偉大な状態）→威厳

Her Majesty ▶
（陛下）

例文・派生語

① **major** /méɪdʒɚ/ ＜maj (大きい) + or (より…)＞

形 大きい方の；大きい；専攻の：The **major** part of the town was covered with water. 町の大部分は水をかぶった．（⇔ minor；☞ mini の項）

── 名 専攻科目；専攻学生：He chose mathematics as his **major**. 彼は専攻科目として数学をとった．

── 動 専攻する：He **majored** in economics at Harvard. 彼はハーバードでは経済学を専攻した．

② **majority** /mədʒɔ́:rəti/ ＜maj (大きい) + or (より…) + ity (状態)＞

名 大多数，大部分；多数派：The **majority** of the committee was against the plan. 委員の大多数はその計画に反対だった．（⇔ minority；☞ mini の項）

③ **majesty** /mǽdʒəsti/ ＜maj (大きい) + ity (状態)＞

名 威厳，雄大さ；陛下：I was moved by the **majesty** of the Alps. 私はアルプスの雄大さに感動した．
majestic /mədʒéstɪk/ 形 威厳のある，堂々とした．

その他の同語源の語

④ **ma**yor /méɪɚ/ 名 市長，町長（←より大きい（責任者））．
mayoral /méɪərəl/ 形 市長[町長]の．

manu (手) = hand

① **man**ual　　　　（手の）→手で行なう；手引き
② **man**ufacture　（手で作る）→製造(する)
③ **man**age　　　（手で馬を御する）
　　　　　　　　　　→経営する
④ **man**ner　　　（手で扱う法）→方法
⑤ **man**uscript　（手で書かれた(もの)）
　　　　　　　　　　→原稿
⑥ **man**ifest　　（手で触れた）→明白な
⑦ **man**euver　 （手で動かす）→策略
⑧ **man**ipulate　（手で扱う）→巧みに扱う
⑨ **man**date　　（手にゆだねる(こと)）→権限

自動車部品を
製造する (manufacture)

例文・派生語

① **manual** /mǽnjuəl/ ＜ manu (手で) ＋ al (…に関する)＞
形 手で行なう，手動の：a **manual** control 手動制御.
── 名 説明書，マニュアル，手引き：an instruction **manual** 取扱説明書.

② **manufacture** /mæ̀n(j)ʊfǽktʃɚ/ ＜ manu (手で) ＋ fact (作る) ＋ ure (こと)＞
動 製造する：This factory **manufactures** car parts. この工場は自動車部品を製造している. ── 名 製造.
manufacturer /mæ̀n(j)ʊfǽktʃ(ə)rɚ/ 名 製造業者，メーカー.

③ **manage** /mǽnɪdʒ/ ＜ man (手) ＋ age (…する(こと))＞
動 経営する；何とかやり遂げる：He **manages** a hotel. 彼はホテルを経営している.
management /mǽnɪdʒmənt/ 名 経営. **manag**er /mǽnɪdʒɚ/ 名 経営者，支配人.

④ **manner** /mǽnɚ/ ＜ man (手) ＋ er (…する仕方)＞
名 方法；態度；風習：His **manner** changed abruptly. 彼の態度ががらっと変わった.

語根で覚える英単語

⑤ **manuscript** /mǽnjʊskrìpt/ ＜ manu（手で）＋ script（書かれた）＞
名 原稿：She sent the **manuscript** to the printer. 彼女はその原稿を印刷業者に送った.

⑥ **manifest** /mǽnəfèst/ ＜ mani（＝ manu 手で）＋ fest（触れた）＞
形 明白な，明らかな：It's a **manifest** error. それは明らかな誤りだ.
manifesto /mæ̀nəféstoʊ/ **名** 宣言，マニフェスト.

⑦ **maneuver** /mən(j)úːvɚ/ ＜ man（手）＋ euver（動かす）＞
名 策略；大演習：The troops are carrying out **maneuvers**. 軍隊は大演習を行っている. ── **動** 巧みに動く；策略を用いる.

⑧ **manipulate** /mənípjʊlèɪt/ ＜ mani（手で）＋ pul（満ちた）＋ ate（…する）＞
動 巧みに扱う，操作する：He shamelessly **manipulated** the data to fit his theory. 彼は自分の理論に合うように恥も外聞もなくデータを操作した.
manipulation /mənìpjʊléɪʃən/ **名** 巧みな扱い，操作.

⑨ **mandate** /mǽndeɪt/ ＜ man（手）＋ date（与える）＞
名 権限：The government has a **mandate** to carry out this policy. 政府はこの政策を実行に移す権限を与えられている.
mandatory /mǽndətɔ̀ːri/ **形** 強制的な.

その他の同語源の語

⑩ de**man**d /dɪmǽnd/ **名** 要求；**動** 要求する（←完全にゆだねる[強く求める]）.
⑪ com**man**d /kəmǽnd/ **動** 命令する；**名** 命令（←完全に手にゆだねる）.
⑫ **man**icure /mǽnəkjʊ̀ɚ/ **名** 手やつめの手入れ（☞ cure の項）.
⑬ e**man**cipate /ɪmǽnsəpèɪt/ **動** 解放する（←手から外に出す）.
⑭ **man**ure /mən(j)ʊ́ɚ/ **名** （有機）肥料（←手で施す）.
⑮ **man**acle /mǽnəkl/ **名** 手錠（←手につける小さなもの）.
⑯ **main**tain /meɪntéɪn/ **動** 保ち続ける（←手で支える）.

medi（中間）= middle

① **medi**um　　　　（中間的な（もの））→中くらいの；手段
② **medi**eval　　　　（中間の時代の）→中世の
③ **Medi**terranean　（陸地の中央にある（海））→地中海（の）
④ **medi**ate　　　　（中間を分ける）→調停する
⑤ im**medi**ate　　　（間を分けるものがない）→即時の
⑥ inter**medi**ate　　中間の

◀中くらいの（medium）サイズ

例文・派生語

① **medium** /míːdiəm/　＜ medi（中間）＋ um（形容詞の中性の語形）＞

形 中くらいの，中間の；（肉の焼き加減が）ミディアムの：Eggs are sold in three sizes — small, **medium** and large. 卵は小・中・大の３つのサイズで売られている．

— 名 手段；媒体：Ideas are expressed through the **medium** of words. 思想は言葉を媒体として表現される．

medi**a** /míːdiə/ 名 マスメディア，マスコミ機関（← medium の複数形）．

② **medieval** /miːdíːv(ə)l/　＜ medi（中間）＋ ev（時代）＋ al（…の）＞

形 中世の：A **medieval** castle stands in the middle of the city. 中世の城が市の中央に立っている．

＊イギリス英語の綴り mediaeval の aev は「時代」という意味．

③ **Mediterranean** /mèdətəréıniən/ ＜ medi（中間）＋ terra（土地）＋ an（…に属する）＞

形 地中海の；名 地中海：The **Mediterranean** Sea is almost encircled by the lands of Europe, Asia and Africa. 地中海はヨーロッパ，アジア，アフリカの陸地によってほとんど囲まれている．

④ **mediate** /míːdièıt/ ＜ medi（中間）＋ ate（…にする）＞

動 調停する，仲介に立つ：They **mediated** between Syria and Israel. 彼らはシリアとイスラエルとの間を調停した．
media**tion** /mìːdiéıʃən/ 名 調停，仲裁．media**tor** /míːdièıtɚ/ 名 調停者，仲介者．

⑤ **immediate** /ımíːdiət/ ＜ im（…ない）＋ mediate（中間を分ける）＞

形 すぐさまの，即時の；直接の：She gave me an **immediate** answer. 彼女はすぐに私に返事をくれた．immediate**ly** /ımíːdiətli/ 副 直ちに，すぐさま；直接に．

⑥ **intermediate** /ìntɚmíːdiət/ ＜ inter（間に）＋ mediate（中間を分ける）＞

形 中間の，中級の：His English has improved from the beginnenrs to the **intermediate** level. 彼の英語は初心者レベルから中級レベルへと進歩した．

その他の同語源の語

⑦ **medi**ocre /mìːdióʊkɚ/ 形 並みの，平凡な，二流の（←山の中腹の）．
⑧ **medi**an /míːdiən/ 名〔数学〕中位数；〔統計〕中央値；中央分離帯．
⑨ **mid**dle /mídl/ 名 真ん中，中央；形 真ん中の．
⑩ **mid**st /mídst/ 名 中央，真ん中．
⑪ **mid**night /mídnàıt/ 名 午前 0 時．
⑫ **mid**day /míddéı/ 名 正午，真昼．
⑬ **mid**summer /mídsÁmɚ/ 名 夏至の頃，真夏．
⑭ **mid**town /mídtàʊn/ 名 （大都会の）中間部．
⑮ **mid**way /mídwéı/ 形 中途の；副 中ほどに，途中で．
⑯ **mid**week /mídwíːk/ 名 週の半ば．
⑰ **Mid**west /mídwést/ 名 米国中西部．
⑱ **me**an /míːn/ 名〔数学〕平均，平均値；中間，中庸．
⑲ **me**ans /míːnz/ 名 手段，方法；財産，収入（←仲介をするもの）．
⑳ **me**antime /míːntàım/ 副 その間（に）．
㉑ **me**anwhile /míːn(h)wàıl/ 副 その間，それまでの間；その一方．

meter (計る) = measure

① **meter** (計る→寸法) →メートル
② thermo**meter** (熱を測るもの) →温度計
③ baro**meter** (空気の重さを量るもの)
　　　　　　　　→気圧計
④ dia**meter** (横切って測ること) →直径

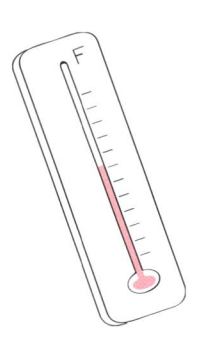

温度計 (thermometer) ▶

例文・派生語

① **meter** /míːtɚ/

名 メートル；メーター，計量器；韻律：The Statue of Liberty is 46 **meters** tall. 自由の女神像は 46 メートルの高さがある．
kilometer /kɪlámətɚ/ 名 キロメートル．
centimeter /séntəmìːtɚ/ 名 センチメートル．
millimeter /míləmìːtɚ/ 名 ミリメートル．

② **thermometer** /θɚmámətɚ/ ＜ thermo (熱)＋ meter (計るもの)＞

名 温度計；体温計：The **thermometer** stands at 10℃. 温度計は摂氏 10 度を指している．

*-meter の直前の音節に第一アクセントがくる．

③ **barometer** /bərámətɚ/ ＜ baro (重量)＋ meter (計るもの)＞

名 気圧計，晴雨計；バロメーター，指標：Newspapers are **barometers** of public opinion. 新聞は世論のバロメーターである．
baromet**ric** /bæərəmétrɪk/ 形 気圧計の，気圧の．

④ **diameter** /daɪǽmətɚ/ ＜ dia（横切って）＋ meter（寸法）＞

名 直径：This tube measures 3 cm in **diameter**. この管は直径 3 センチある.
diamet**rical** /dàɪəmétrɪkəl/ 形 直径の.
diamet**rically** /dàɪəmétrɪkəli/ 副 完全に（対立して）.

その他の同語源の 語

⑤ alti**meter** /æltímətɚ/ 名 高度計.
⑥ am**meter** /ǽmìːtɚ/ 名 電流計（← ampere（アンペア）を計るもの）.
⑦ anemo**meter** /æ̀nəmámətɚ/ 名 風速計，風力計.
⑧ clino**meter** /klaɪnámətɚ/ 名 傾斜計，クリノメーター.
⑨ odo**meter** /oʊdámətɚ/ 名 （自動車の）走行距離計.
⑩ opto**metry** /ɑptámətri/ 名 検眼.
⑪ penta**meter** /pentǽmətɚ/ 名〖詩〗5 歩格，弱強 5 歩格.
⑫ peri**meter** /pərímətɚ/ 名 （平面の）周囲，（飛行場の）周辺.
⑬ pedo**meter** /pɪdámətɚ/ 名 歩数計.
⑭ speedo**meter** /spɪdámətɚ/ 名 速度計.
⑮ geo**metry** /dʒiámətri/ 名 幾何学（←土地の測定法）.
　geomet**ric**（**al**）/dʒìːəmétrɪk((ə)l)/ 形 幾何学の；幾何学的な.
⑯ sym**metry** /símətri/ 名 （左右の）相称，対称.
　symmet**ric**（**al**）/sɪmétrɪk((ə)l)/ 形 （左右が）相称の，対称の.

mini (小さい) = small

① **min**ute　　（小さくした）→きわめて小さい
② **min**ute　　（1時間を細分したもの）
　　　　　　　　　→分
③ **min**or　　（より小さい）
　　　　　　　　→小さいほうの
④ **mini**mum　最小の
⑤ **min**us　　（より少ない）→…を引いた
　　　　　　　　；マイナスの
⑥ **mini**ster　（小さい者→使用人）→大臣
⑦ **mini**ature　（小画像）→小型の模型
⑧ di**min**ish　（小さくする）→減らす

動物のミニチュア（miniature）

例文・派生語

① **minute** /maɪn(j)úːt/ ＜ min（小さい）＋ ute（過去分詞）＞

形 きわめて小さい，微小の；細心の，綿密な：He investigated the affair with **minute** care. 彼はその事件を細心の注意で調べた．

② **minute** /mínɪt/

名 分；瞬間：He was saved at the last **minute**. 彼は最後の瞬間に奇跡的に救出された．

③ **minor** /máɪnɚ/ ＜ min（小さい）＋ or（より…）＞

形 小さな，重要でない；小さいほうの：Minor border incidents sometimes develop into serious affairs. 国境での小さな出来事が時々重大な事件に発展することがある．（⇔ major ☞ maj の項）
minority /maɪnɔ́ːrəti/ 名 少数；少数派；少数民族（⇔ majority）．

④ **minimum** /mínəməm/ ＜ minor の最上級＞

形 最小の，最低の：Intensive study means mastering the maximum amount of

knowledge in the **minim**um amount of time. 集中学習とは最小限の時間で最大限の知識を習得することである． ── 名 最小限，最低限．
minim**ize** /mínəmàɪz/ 動 最小にする，最低にする．
minim**al** /mínəm(ə)l/ 形 最小の，最低の．

⑤ **minus** /máɪnəs/ ＜ minor の中性の語形＞

前 …を引いた： Seven **minus** two is five. 7引く2は5．
── 形 マイナスの； 氷点下…（度）： The temperature dropped to **minus** 12 degrees this morning. 今朝は気温がマイナス12度まで下がった． ── 名 欠点，不利な

⑥ **minister** /mínɪstɚ/ ＜ mini（小さい）＋ ster（人）＞

名 大臣；牧師： The prime **minister** appointed the members of his cabinet. 総理大臣が閣僚を任命した．
minister**ial** /mìnəstí(ə)riəl/ 形 大臣の．ministr**y** /mínɪstri/ 名 省；牧師たち．

⑦ **miniature** /mínɪətʃɚ/

名 ミニチュア，小型の模型；小型の： He carved an animal **miniature** in wood. 彼は木で動物のミニチュアを刻んだ．

⑧ **diminish** /dɪmínɪʃ/ ＜ di（離れて）＋ min（小さい）＋ ish（…する）＞

動 減らす；減少する： The war **diminished** the wealth of the country. 戦争はその国の富を減らした．
diminu**tion** /dìmən(j)úːʃən/ 名 減少，縮小．

その他の同語源の語

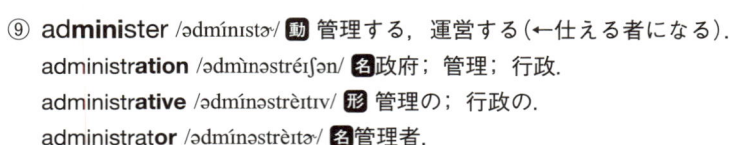

⑨ ad**mini**ster /ədmínɪstɚ/ 動 管理する，運営する（←仕える者になる）．
ad**mini**str**ation** /ədmìnəstréɪʃən/ 名 政府；管理；行政．
ad**mini**str**ative** /ədmínəstrèɪtɪv/ 形 管理の；行政の．
ad**mini**str**ator** /ədmínəstrèɪtɚ/ 名 管理者．
⑩ **min**ce /míns/ 動 細かく切り刻む．

mir (驚く) = wonder

① **ad**mire （…に驚く）→…に感嘆する
② **mir**ror （不思議そうに見るもの）
　　　　　　　→鏡
③ **mir**acle 驚くべきこと

鏡 (mirror) ▶

例文・派生語

① **admire** /ədmáɪɚ/ ＜ ad (…に) + mire (驚く) ＞
動 …に感嘆する，感心する；感心して眺める：Everybody **admired** his courage greatly. だれもが彼の勇気にひどく感心した．
admir**ation** /æ̀dməréɪʃən/ 名 感嘆，称賛．
admir**able** /ǽdm(ə)rəbl/ 形 称賛に値する，立派な．
admir**er** /ədmáɪ(ə)rɚ/ 名 称賛者，ファン．

② **mirror** /mírɚ/ ＜ mir (驚く) + or (もの) ＞
名 鏡，反射鏡：She looked at herself in the **mirror**. 彼女は鏡で自分の姿をのぞいた．

③ **miracle** /mírəkl/ ＜ mir (驚く) + cle (こと) ＞
名 驚くべきこと；奇跡：It was a **miracle** that the girl survived the accident. その女の子が事故で助かったのは奇跡だった．
miracul**ous** /mərǽkjʊləs/ 形 驚くべき，奇跡的な．

その他の同語源の語

④ **mir**age /mərɑ́ːʒ/ 名 蜃気楼；幻想(←鏡で見たもの)．
⑤ **mar**vel /mɑ́ɚv(ə)l/ 動 驚く，驚嘆する；名 不思議なこと，驚異．
marvel**ous** /mɑ́ɚv(ə)əs/ 形 驚くべき，すばらしい．

語根で覚える英単語

mis (送られる) = sent

① pro**mis**e　　　（前もって送られる）→約束(する)
② dis**miss**　　　（追い払う）→(考え)を捨てる
③ 　**miss**ile　　　（送られうるもの）→ミサイル
④ 　**miss**ion　　　（送られること）→使命

ミサイル (missile)

例文・派生語

① **promise** /prάmɪs/　< pro (前もって) + mise (送られる) >
【動】約束する：Tom **promised** me he'd wait till we arrive. トムは私に私たちが来るまで待っていると約束した．── 【名】約束；見込み．
compromise /kάmprəmàɪz/ 【名】妥協；【動】妥協する(←共に約束する).

② **dismiss** /dɪsmís/　< dis (離れて) + miss (送られる) >
【動】(考えを)捨てる，退ける；解雇する：We can't **dismiss** the matter so easily. この問題をそんなに簡単に退けるわけにはいかない．
dismiss**al** /dɪsmís(ə)l/ 【名】解雇；(考えを)退けること．

③ **missile** /mís(ə)l/　< miss (送られる) + ile (…できる) >
【名】ミサイル：They demand the total elimination of nuclear **missiles**. 彼らは核ミサイルの完全撤廃を求めている．

④ **mission** /míʃən/　< miss (送られる) + ion (こと) >
【名】使命；使節団；天職．mission**ary** /míʃənèri/ 【名】宣教師，伝道者．

その他の同語源の語

⑤ pre**mis**e /prémɪs/ 【名】前提(←前もって送られたもの).
⑥ sur**mis**e /sɚ(ː)máɪz/ 【動】推量する，推測する(←上に考えを送る).
⑦ **mess**age /mésɪdʒ/ 【名】伝言，メッセージ(←送られたもの).
⑧ **mess**enger /mésəndʒɚ/ 【名】使者；配達人(←伝言を運ぶ人).

mit（送る）= send

① per**mit**　　　（通過させる）→許可する
② ad**mit**　　　（…に送り込む）→認める
③ com**mit**　　　（…に送り込む）
　　　　　　　　　→(罪)を犯す
④ com**mit**tee　（…に送り込まれた人）
　　　　　　　　　→委員会
⑤ o**mit**　　　　（向こうへ送る）→省略する
⑥ sub**mit**　　　（下に置く）→提出する
⑦ trans**mit**　　（向こうへ送る）→伝達する
⑧ e**mit**　　　　（外へ送る）→発する
⑨ re**mit**　　　（元へ送り返す）→免除する

（排気ガス）を発する（emit）

例文・派生語

① **permit** /pəmít/　＜ per（…を通して）＋ mit（送る）＞

動 許可する，許す：Is parking **permitted** here? ここでは駐車は許されていますか．
── 名 /pə́ːmɪt/ 許可証［書］．
　permi**ssion** /pəmíʃən/ 名 許可，許し．permi**ssive** /pəmísɪv/ 形 寛大な，緩やかな．

② **admit** /ədmít/　＜ ad（…に）＋ mit（送る）＞

動 認める；入れる：He **admitted** that he was wrong. 彼は自分が間違っていたと認めた．
　admi**ssion** /ədmíʃən/ 名 入るのを許すこと；入場料．
　admi**ttance** /ədmítəns/ 名 入場，入場許可．admi**ssible** /ədmísəbl/ 形 容認できる．

③ **commit** /kəmít/　＜ com（完全に）＋ mit（送る）＞

動 (罪)を犯す，行なう；(金・時間)を当てる：Society prepares the crime; the criminal **commits** it. 社会が犯罪を用意し犯罪者がこれを行なう．
　commi**ssion** /kəmíʃən/ 名 委員会；手数料；委任；動 委託する．
　commit**ment** /kəmítmənt/ 名 約束；献身；責任．

④ **committee** /kəmíti/ ＜com（完全に）＋ mit（送る）＋ ee（…される人）＞

名 委員会：The **committee** is made up of ten members. その委員会の構成メンバーは 10 人である.

⑤ **omit** /oʊmít/ ＜o（＝ ob 反対に）＋ mit（送る）＞

動 省略する，省く；抜かす：Let's **omit** all the confusing details. 紛らわしい詳細は一切省くことにしよう.
omi**ssion** /oʊmíʃən/ **名** 省略，脱落.

⑥ **submit** /səbmít/ ＜sub（下へ）＋ mit（送る）＞

動 提出する；服従する：I **submitted** the application to the office. 私は申込書を事務室に提出した. submi**ssion** /səbmíʃən/ **名** 服従；提出.

⑦ **transmit** /trænsmít/ ＜trans（別の場所へ）＋ mit（送る）＞

動 伝達する，送る；放送する：The Olympic Games were **transmitted** live to over sixty countries. オリンピックは 60 を超える国々に生放送された.
transmi**ssion** /trænsmíʃn/ **名** 伝達；放送.
transmi**tter** /trænsmítɚ/ **名** 伝達者［器］.

⑧ **emit** /ɪmít/ ＜e（＝ ex 外へ）＋ mit（送る）＞

動 （光・熱・音）を発する，出す：Most of the exhaust fumes are **emitted** by cars. その排気ガスの大部分は自動車によって発せられる.
emi**ssion** /ɪmíʃən/ **名** 放射，排出；排出物［量］.

⑨ **remit** /rɪmít/ ＜re（元へ）＋ mit（送る）＞

動 （金銭）を送る；委託する；免除する：I will **remit** the money on receipt of the bill. 請求書を受け取り次第，代金をお送りします.
remi**ttance** /rɪmítəns/ **名** 送金（額）.
remi**ssion** /rɪmíʃən/ **名** （痛みの）軽減；免除.

その他の同語源の語

⑩ inter**mit**tent /ìntɚmítənt/ **形** 断続的な（←…の間に送っている）.

mot（動かす） = move

① **mot**ion （動かすこと）→運動
② **mot**or （動かすもの）→モーター
③ e**mot**ion （外への動き）→感情
④ re**mot**e （遠くに移された）
　　　　　　→遠く離れた
⑤ pro**mot**e （前の方に動かす）
　　　　　　→促進する
⑥ **mot**ive （動かす働きがある（もの））→動機
⑦ loco**mot**ive （場所を移動する（もの））→機関車

モーターボート
(motorboat)

例文・派生語

① motion /móuʃən/ ＜ mot（動かす）+ ion（こと）＞

名 運動，動き；動作；動議：At last the swaying **motion** stopped. ついにその揺れの動きは止まった．── **動** 身振りで示す．
move /múːv/ **動** 動く，転居する；動かす，感動させる．
move**ment** /múːvmənt/ **名** 動き；運動．

② motor /móutɚ/ ＜ mot（動かす）+ or（もの）＞

名 モーター：It is propelled by an electric **motor**. それは電動モーターで動く．
motor**bike** /móutɚbàɪk/ **名** 小型バイク．
motor**boat** /móutɚbòut/ **名** モーターボート．
motor**car** /móutɚkàɚ/ **名**《英》自動車（《米》automobile）．
motor**cycle** /móutɚsàɪkl/ **名** オートバイ．motor**ist** /móutərɪst/ **名** ドライバー．
motor**way** /móutɚwèɪ/ 《英》高速自動車道路（《米》expressway）．

③ emotion /ɪmóuʃən/ ＜ e（= ex 外へ）+ mot（動かす）+ ion（こと）＞

名 感情；感動：Joy, grief, fear, hate, love, rage and excitement are **emotions**. 喜び，悲しみ，恐れ，憎しみ，愛，怒りおよび興奮は感情である．
emotion**al** /ɪmóuʃ(ə)nəl/ **形** 感情的な．emot**ive** /ɪmóutɪv/ **形** 感情に訴える．

④ **remote** /rɪmóʊt/ ＜ re（後ろに）＋ mote（動かす）＞

形 遠く離れた，へんぴな；遠い昔の，遠い未来の；関係の薄い： They went to the **remotest** villages. 彼らはどんなへんぴな村にも行った．
remote**ly** /rɪmóʊtli/ **副** ごくわずかにでも，少しも(…でない)．

⑤ **promote** /prəmóʊt/ ＜ pro（前に）＋ mote（動かす）＞

動 促進する；昇進させる： We must **promote** international cultural exchanges. 国際的な文化交流を促進しなければならない．
promot**ion** /prəmóʊʃən/ **名** 昇進；促進．
promot**er** /prəmóʊtɚ/ **名** 主催者；推進者．

⑥ **motive** /móʊtɪv/ ＜ mot（動かす）＋ ive（…の性質を持つ）＞

名 動機： The police are trying to find a **motive** for the crime. 警察はその犯罪の動機を見つけようとしている．
motiv**ate** /móʊtəvèɪt/ **動** 動機を与える；…の動機となる．
motiv**ation** /mòʊtəvéɪʃən/ **名** 動機づけ．

⑦ **locomotive** /lòʊkəmóʊtɪv/ ＜ loco（場所）＋ mot（動かす）＋ ive（…の性質を持つ）＞

名 機関車： This steam **locomotive** is still in running condition. この蒸気機関車はまだ走れる状態にある．

その他の同語源の語

⑧ de**mote** /dɪmóʊt/ **動** …の地位を下げる，降格させる(←下に動かす)．
⑨ com**motion** /kəmóʊʃən/ **名** 騒動(←完全に動かすこと)．
⑩ re**move** /rɪmúːv/ **動** 取り去る(←後ろに動かす)．
⑪ **mob**ile /móʊb(ə)l/ **形** 移動式の；動き回れる(←動かすことができる)．
⑫ auto**mob**ile /ɔ́ːtəməbìːl/ **名** 自動車(←自ら動くことができるもの；☞ auto の項)．
⑬ **mob** /máb/ **名** 暴徒(←動きやすい)．
⑭ **mob**ilize /móʊbəlàɪz/ **動** 結集する，動員する(←動けるようにする)．

mount ((山に)登る)

① **mount** (山)に登る
② **mount**ain 山
③ a**mount** (…に上る)
 →量；達する
④ para**mount** (山の頂上にある)
 →最高の
⑤ sur**mount** (山の上に登る)
 →乗り越える
  山に登る (mount)
⑥ dis**mount** (逆に登る) →降りる
⑦ tanta**mount** (同じ量に達する) →同等の

例文・派生語

① **mount** /máʊnt/

動 始める；乗る；登る；上がる： They **mounted** a campaign against the reform. その改革に反対の宣伝運動を始めた．

mounted /máʊntɪd/ 形 馬に乗った．

② **mountain** /máʊntn/

名 山： The **mountain** was covered with snow. その山は雪で覆(おお)われていた．
mountainous /máʊntənəs/ 形 山地の，山の多い．
mountaineer /màʊntəníɚ/ 名 登山者[家]．
mountainside /máʊntnsàɪd/ 名 山腹．

③ **amount** /əmáʊnt/ ＜ a (…に) ＋ mount (山(に)登る) ＞

名 量，額： Do you know how to calculate the **amount** of CO_2 in the atmosphere? 大気中の炭酸ガスの量をどのようにして計算するのか知っていますか．

—— 動 総計(…に)なる，達する： The cost will **amount** to at least $1,000. 費用は少なくとも 1,000 ドルに達するだろう．

④ **paramount** /pǽrəmàʊnt/ ＜ par (= per …を通して) + amount (上方に(上る))＞

形 最高の： The hostages' safety will be a matter of **paramount** importance. 人質の身の安全が最大の重要事でなければならない．

⑤ **surmount** /sɚmáʊnt/ ＜ sur (…の上に) + mount (登る)＞

動 乗り越える，克服する： We must **surmount** the language barrier. 私たちは言葉による障壁を乗り越えなければならない．
surmount**able** /sɚmáʊntəbl/ 形 乗り越えることのできる．

⑥ **dismount** /dɪsmáʊnt/ ＜ dis (反対に) + mount (登る)＞

動 (馬などから)降りる： He **dismounted** from his horse. 彼は馬から降りた．

⑦ **tantamount** /tǽntəmàʊnt/ ＜ tant (それほどに) + amount (…に達する)＞

形 同等の，同然の，等しい： His request was **tantamount** to a threat. 彼の要求は脅しに等しかった．

その他の同語源の語

⑧ **mont**age /mɑntάːʒ/ 名 合成画，モンタージュ写真(←…に上ること)．
⑨ **Mont**ana /mɑntǽnə/ 名 モンタナ州(←山の多い土地)．
⑩ Ver**mont** /vɚmάnt/ 名 バーモント州(←緑の山)．

part（部分）

① **part** 部分；分ける
② **part**y （分けられた部分）→パーティー
③ de**part**ment （部分に分けられたもの）→部門
④ a**part** （一方の側へ）→離れて
⑤ a**part**ment （部分に分けられたもの）→アパート
⑥ **part**icular （小部分に関する）→特定の
⑦ **part**ner （部分を分かち合う人）→パートナー
⑧ **part**icipate （部分を取る）→参加する

（髪を真ん中で）分ける（part）

例文・派生語

① part /páɚt/

名 部分；部品；役；地方： I've never been to this **part** of the country. 私はこの国のこの地方には行ったことがない．

— **動** 分ける；（人）を引き離す： She **parts** her hair in the middle. 彼女は髪を真ん中で分けている． part**ly** /páɚtli/ **副** ある程度；一部は．

② party /páɚti/

名 パーティー，会；政党；一団： I'm having a **party** at my home this evening. 今晩私の家でパーティーを催します．

③ department /dɪpáɚtmənt/ ＜ de（離れて）＋ part（部分）＋ ment（もの）＞

名 部門，部；売り場；省；学部： My **department** looks after exports. 私の部は輸出を扱っている．

④ apart /əpáɚt/ ＜ a（…へ）＋ part（部分）＞

副 離れて，別れて： He lives **apart** from his family. 彼は家族と別れて住んでいる．

⑤ **apartment** /əpáɚtmənt/ ＜ apart（(部分に)分ける）＋ ment（もの）＞
名 マンション，アパート：We live in an **apartment**. 私達はマンションに住んでいる．

⑥ **particular** /pɚtíkjulɚ/ ＜ part（部分）＋ cul（小さい）＋ ar（…に関する）＞
形 特定の，特別の：The rule doesn't apply to this **particular** case. その規則はこの特定な場合には適用されない． ── 名 詳細．
particular**ly** /pɚtíkjulɚli/ 副 特に，とりわけ．

⑦ **partner** /páɚtnɚ/ ＜ parcener（共同相続人）が part と連想されたことから＞
名 配偶者；仲間，パートナー：Some people choose marriage **partners** for their looks. 結婚相手を容貌で選ぶ人もいる．
partner**ship** /páɚtnɚʃɪp/ 名 協力，提携，共同経営．

⑧ **participate** /pɚtísəpèɪt/ ＜ part（部分）＋ cip（取る）＋ ate（…する）＞
動 参加する（＝ take part）：He actively **participated** in volunteer activities abroad. 彼は海外ボランティア活動に積極的に参加した．
participa**tion** /pɚtísəpèɪʃən/ 名 参加．
particip**ant** /pɚtísəp(ə)nt/ 名 参加者．

その他の同語源の語

⑨ **part**ial /páɚʃəl/ 形 一部分の；不公平な；好きで（←一方の部分に偏る）．
 partial**ity** /pɚ̀ʃiǽləti/ 名 不公平，えこひいき．
 partial**ly** /páɚʃəli/ 副 部分的に．
⑩ **part**icle /páɚtɪkl/ 名 小さな粒，微粒子；ごく少量（←小部分）．
⑪ de**part** /dɪpáɚt/ 動 出発する，発車する（←部分に分ける）．
⑫ com**part**ment /kəmpáɚtmənt/ 名 仕切り；（列車の）コンパートメント．
⑬ im**part** /ɪmpáɚt/ 動 （情報）を伝える；（風味）を与える（←分け与える）．
⑭ **part**ake /pɑɚtéɪk/ 動 （食事を）共に食べる；参加する（←部分を取る）．
⑮ **part**iciple /páɚtəsìpl/ 名 分詞（←機能を分ける動詞形）．
⑯ **part**ition /pɑɚtíʃən/ 名 仕切り；分割；動 分割する．

pass（通る）

① **pass** 通る
② **pas**t （過ぎ去って）→過去
③ **pass**age （通るところ）→通路
④ **pass**enger （通行する人）→乗客
⑤ **pass**port （港を通る許可）→パスポート
⑥ by**pass** （そばを通り過ぎる）→バイパス
⑦ tres**pass** （越えて渡る）→侵入する
⑧ com**pass** （同じ歩み）→コンパス

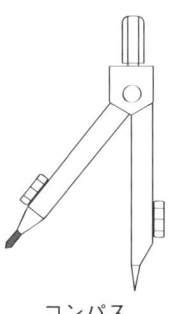

コンパス（compass）

例文・派生語

① **pass** /pǽs/

動 通る，移動する；合格する；手渡す：As the road is narrow, only small cars can **pass** down it. 道が狭いので小型車しか通れない．
passing /pǽsɪŋ/ **形** 通過する．

② **past** /pǽst/ ＜pass（通る）の過去分詞から＞

形 過ぎ去った，過去の：Prices have doubled over the **past** ten years. 物価は過去10年間で倍になった．
— **名** 過去：Cooking was considered women's work in the **past**. 料理は過去においては女性の仕事だと考えられていた．
— **副** 通り越して．— **前** …を過ぎた所に，…を通り過ぎて：His office is just **past** the bank on your left. 彼の事務所は銀行を過ぎてすぐ左側にあります．

③ **passage** /pǽsɪdʒ/ ＜pass（通る）＋age（こと，ところ）＞

名 通路；文の一節；通行：Don't block the **passage** with your bicycle. 通路を自転車でふさいではいけない．

語根で覚える英単語

④ **passenger** /pǽsəndʒɚ/ ＜ passage（通行）＋ er（人）＞
名 乗客，旅客：200 **passengers** were aboard the plane. 200人の乗客が飛行機に搭乗していた．

⑤ **passport** /pǽspɔ̀ɚt/ ＜ pass（通る）＋ port（港）＞
名 パスポート，旅券：You must carry your **passport** at all times. パスポートは常に携帯しなくてはいけない．

⑥ **bypass** /báɪpæs/ ＜ by（そばを）＋ pass（通る）＞
名 バイパス，迂回路：You can save an hour by taking the new **bypass**. その新しいバイパスを通れば1時間短縮することができる．

⑦ **trespass** /tréspæs/ ＜ tres（＝ trans 越えて）＋ pass（通る）＞
動 侵入する，立ち入る：The sign says "No **Trespassing**." 標識に「立ち入り禁止」と書いてある．

⑧ **compass** /kʌ́mpəs/ ＜ com（共に）＋ pass（歩くこと）＞
名 (方位)磁石；（円を描くための）コンパス：The needle of the **compass** always points to the north. 磁石の針はいつも北を指す．

その他の同語源の語

⑨ **pass**erby /pǽsɚbáɪ/ **名** 通行人（←通り過ぎる人）．
⑩ **past**ime /pǽstàɪm/ **名** 気晴らし，娯楽（←時を過ごす）．
⑪ sur**pass** /sɚpǽs/ **動** …に勝る，…以上だ（←上を越える）．
⑫ **pass**word /pǽswɚ̀ːd/ **名** パスワード；合い言葉（←アクセスに必要な記号）．

ped (足) = foot

① ex**ped**ition　　（足を自由に運ぶこと）
　　　　　　　　　　→探検
② **ped**estrian　　（歩く人）→歩行者
③ **ped**al　　　　　（足に関する）→ペダル

ペダルをこぐ (pedal)

例文・派生語

① **expedition** /èkspədíʃən/　＜ ex (外へ) + pedi (足) + tion (こと) ＞
名 探検，遠征，旅行；探検隊：They went on an **expedition** to the South Pole. 彼らは南極探検に出かけた．expedition**ary** /èkspədíʃənèri/ **形** 探検の，遠征の．

② **pedestrian** /pɪdéstriən/　＜ ped (足) + ian (…の人) ＞
名 歩行者：A **pedestrian** was killed in the traffic accident. その交通事故で歩行者が1人死亡した．── **形** 歩行者用の．

③ **pedal** /pédl/　＜ ped (足) + al (…に関する) ＞
名 ペダル，踏み板．── **動** ペダルをこぐ．She set out, **pedaling** slowly. 彼女はゆっくりとペダルをこいで出発した．

その他の同語源の語

④ **ped**dler /pédlə/ **名** 行商人，売り歩く人（←歩き回る人）．
⑤ **ped**icure /pédɪkjùə/ **名** 足の(爪の)手入れ（←足の世話；☞ cure の項）．
⑥ **ped**estal /pédɪstl/ **名** (胸像・円柱の)台（←足の立っている所(stall)）．
⑦ ex**ped**ient /ɪkspíːdiənt/ **形** 好都合な；**名** 手段（←足かせを外した）．
⑧ **ped**igree /pédəgrìː/ **名** 血統，家系；名門；系図（←鶴の足）．
⑨ im**ped**e /ɪmpíːd/ **動** 妨げる，邪魔する（←中に足をつかまえる）．
⑩ centi**ped**e /séntəpìːd/ **名** 百足（← 100 本の足；☞ cent の項）．
⑪ milli**ped**e /mílfəpìːd/ **名** やすで《節足動物》（← 1000 本の足）．

pel（駆り立てる）= drive

① **expel**　（外へ駆り立てる）→ 追い出す
② **compel**　（完全に駆り立てる）→ 無理に…させる
③ **dispel**　（別々に駆り立てる）→ ぬぐい去る

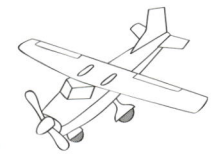

（飛行機の）プロペラ
（propeller）

例文・派生語

① **expel** /ɪkspél/　＜ ex（外へ）＋ pel（駆り立てる）＞
動 追い出す，追放する： The dictator was **expelled** from the country. その独裁者はその国から追放された. ex**pul**sion /ɪkspʌ́lʃən/ 名 追放，国外退去；排出.

② **compel** /kəmpél/　＜ com（完全に）＋ pel（駆り立てる）＞
動 無理に…させる，強いる： Poverty **compelled** her to give up her studies. 貧困のため彼女は勉学をやめなければならなかった.

③ **dispel** /dɪspél/　＜ dis（別々に）＋ pel（駆り立てる）＞
動 ぬぐい去る，除く，晴らす： Their explanation **dispelled** her mistrust. 彼らの説明で彼女の疑いは晴れた.

その他の同語源の語

④ **propel** /prəpél/ 動 推進する；駆り立てる（←前に駆り立てる）.
　 propeller /prəpélɚ/ 名 （飛行機の）プロペラ，（船の）スクリュー.
⑤ **repel** /rɪpél/ 動 追い払う，撃退する（←後ろに駆り立てる）.
⑥ **impel** /ɪmpél/ 動 促す，無理に…させる（←…の中に駆り立てる）.
⑦ **appeal** /əpíːl/ 名 懇願；魅力； 動 求める；訴える（←…に追い立てる）.
⑧ **pulse** /pʌ́ls/ 名 脈拍，鼓動（←打つこと←駆り立てられる）.
⑨ **impulse** /ímpʌls/ 名 衝動，出来心（←…の中に駆り立てられる（こと））.
⑩ **repulse** /rɪpʌ́ls/ 動 撃退する，追い払う（←後ろに駆り立てられる）.

pend（ぶら下がる）= hang

① de**pend** （…からぶら下がる）→頼りにする
② sus**pend** （宙ぶらりんにする）→一時停止する
③ s**pend** （重さを量って支払う）→費やす

サスペンダー（suspenders）

例文・派生語

① **depend** /dɪpénd/ ＜de（…から）＋pend（ぶら下がる）＞

動 …次第である；頼りにする： The crop **depends** on the weather. 収穫は天気次第である.

depend**ent** /dɪpéndənt/ 形 頼っている.
（⇔ **in**dependent 形 独立の）
independent**ly** /ìndɪpéndəntli/ 副 独立して.
depend**ence** /dɪpéndəns/ 名 依存, 頼ること.
（⇔ **in**dependence 名 独立）
depend**able** /dɪpéndəbl/ 形 頼りになる, 当てになる.
depend**ency** /dɪpéndənsi/ 名 従属国.

② **suspend** /səspénd/ ＜sus（= sub 下に）＋pend（ぶら下げる）＞

動 一時停止する, 保留する；停職させる： I'll **suspend** judgment until I have more information. もっと情報を入手するまで判断を保留します.

suspend**ers** /səspéndɚz/ 名 サスペンダー, ズボンつり.
suspen**se** /səspéns/ 名 はらはらした気持ち, 不安.
suspen**sion** /səspénʃən/ 名 中止, 停止；宙吊り.

③ **spend** /spénd/ ＜s（= ex 外に）＋pend（ぶら下げる）＞

動 （金）を使う；（時間）を費やす： He **spent** a lot of money on books. 彼は本に大金を使った.

> * spend は expend /ɪkspénd/ (動 費やす←重さを量って支払う) の語頭の音が消失してできた.

　expend**iture** /ɪkspéndɪtʃɚ/ 名 支出.

その他の同語源の語

④ **ex**pend /ɪkspénd/ 動 (時間・金) を費やす (←重さを量って支払う).
⑤ **pend**ant /péndənt/ 名 ペンダント (←ぶら下がったもの).
⑥ **pend**ulum /péndʒʊləm/ 名 振り子 (←ぶら下がったもの).
⑦ **pend**ing /péndɪŋ/ 形 未決定の (←宙ぶらりんの).
⑧ ap**pend**ix /əpéndɪks/ 名 虫垂；付録 (←…にぶら下がったもの).
⑨ im**pend**ing /ɪmpéndɪŋ/ 形 差し迫った (←…の上に降りかかった).
⑩ ap**pend** /əpénd/ 動 添える，追加する (←…にぶら下げる).
　append**age** /əpéndɪdʒ/ 名 付属物.
⑪ per**pend**icular /pɚːpəndíkjʊlɚ/ 形 垂直の (←真っすぐに垂らした).
⑫ **pend**ent /péndənt/ 形 垂れ下がっている.

pense（重さを量る）= weigh

① ex**pense** （重さを量って支払われた（金））
　　→支出
② **pens**ion （計り出した金額）
　　→年金
③ com**pens**ate （釣り合わせる）→償う

高価な（expensive）

例文・派生語

① expense /ɪkspéns/ ＜ ex（外に）+ pense（重さを量る）＞
名 支出，費用： at great **expense** 多額の費用をかけて．
expen**sive** /ɪkspénsɪv/ **形** 高価な，費用のかかる．

② pension /pénʃən/ ＜ pens（重さを量る）+ ion（こと）＞
名 年金： an old age **pension** 老齢年金．
pension**er** /pénʃ(ə)nɚ/ **名** 年金生活者．

③ compensate /kámpənsèɪt/ ＜ com（共に）+ pens（量る）+ ate（…する）＞
動 （損失）を償う： You must **compensate** him for his loss. あなたは彼の損失を償わねばならない．
compensat**ion** /kàmpənséɪʃən/ **名** 賠償金；補償．
compensat**ory** /kəmpénsətɔ̀ːri/ **形** 償いとなる．

その他の同語源の語

④ dis**pense** /dɪspéns/ **動** 供給する（←重さを計って分ける）．
　　dispens**able** /dɪspénsəbl/ **形** なくても済む．
　　（⇔ **in**dispensable **形** 欠くことのできない）
⑤ recom**pense** /rékəmpèns/ **動** 弁償する； **名** 弁償（←重さを計って償い返す）．

語根で覚える英単語

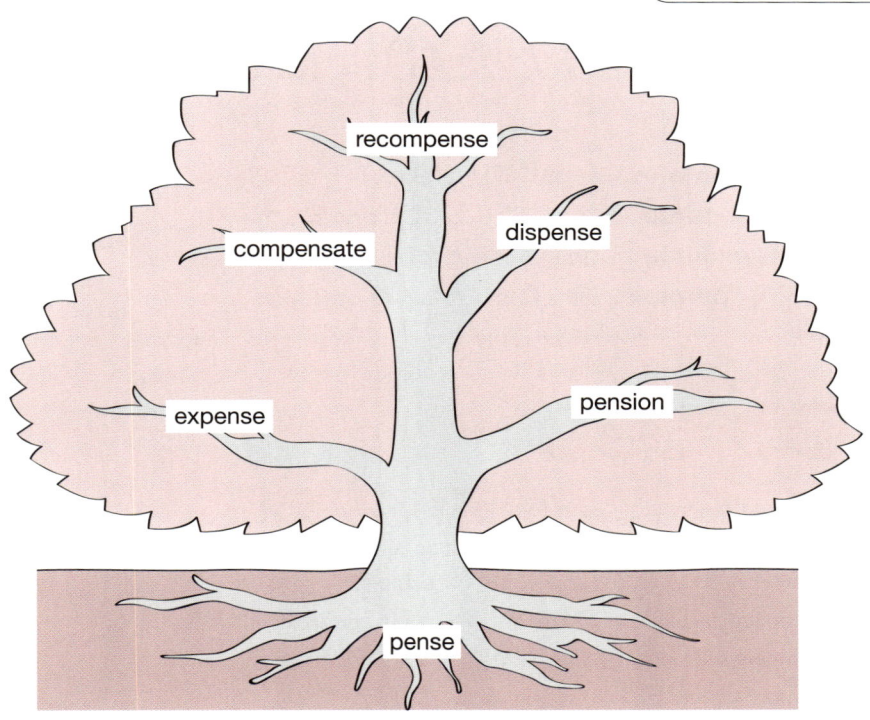

recompense
compensate
dispense
expense
pension
pense

pense を語根にもつ語

ple (折りたたむ) = fold

① sim**ple** （1つに折りたたむ）→簡単な
② com**ple**x （一緒に折りたたんだ）→複雑な
③ tri**ple** （3つに折りたたむ）→三重の
④ multi**ple** （何回も折りたたむ）→多様な
⑤ per**ple**x （完全に折りたたんだ）→困惑させる

プリーツ (pleat)

例文・派生語

① **simple** /símpl/ ＜sim（1つ）＋ ple（折りたたむ）＞

形 簡単な，単純な；質素な： It wasn't so **simple** to persuade him. 彼を説得するのはそんなに簡単ではなかった．（⇔ complex）
simpl**icity** /sɪmplísəti/ 名 簡単さ，単純さ（⇔ complexity）；質素．
simpl**ify** /símpləfàɪ/ 動 単純［簡単］にする（⇔ complicate）．
simp**ly** /símpli/ 副 単に…だけ；全く；簡単に；質素に．

② **complex** /kàmpléks/ ＜com（共に）＋ plex（折りたたんだ）＞

形 複雑な，いろいろな要素からなる： There is no simple solution for this **complex** problem. この複雑な問題には簡単な解決策はない．
── 名 /kámpleks/ 総合センター，団地： a housing **complex** 住宅団地．
comple**xity** /kəmpléksəti/ 名 複雑さ．（⇔ simplicity）

③ **triple** /trípl/ ＜tri（3つ）＋ ple（折りたたむ）＞

形 三重の；3倍の： Helen Keller overcame the **triple** handicap of being blind, deaf and dumb. ヘレン・ケラーは目が見えず，耳が聞こえず，口がきけないという三重苦を克服した．

④ **multiple** /mʌ́ltəpl/ ＜multi（多くの）＋ ple（折りたたむ）＞

形 多様な；複合的な： You should notice the **multiple** meanings of the word. その語の多様な意味に注意すべきだ． ── 名 『数学』倍数．

multiply /mʌ́ltəplàɪ/ 動 (数)に(数)を掛ける；増やす；増える(☞ ply の項).
multiplicity /mʌ̀ltəplísəti/ 名 多数であること，多様性.
multiplication /mʌ̀ltəplɪkéɪʃən/ 名 掛け算，乗法.

⑤ **perplex** /pɚpléks/ ＜ per (完全に) ＋ plex (折りたたんだ)＞

動 困惑させる，悩ませる：The teacher was **perplexed** by his student's unexpected question. 先生は生徒の予期せぬ質問に困惑した.
perplexity /pɚpléksəti/ 名 困惑.

その他の同語源の語

⑥ pleat /plíːt/ 名 (スカートの)ひだ，プリーツ(←折りたたんだ(もの)).
⑦ duplex /d(j)úːpleks/ 名 重層式アパート(←2つに折りたたんだ).
⑧ multiplex /mʌ́ltəplèks/ 形 多様な；複合の(←何回も折りたたんだ).
⑨ simplex /símpleks/ 形 単一の(←1つに折りたたんだ).
⑩ simpleton /símplt(ə)n/ 名 まぬけ(←単純な人).
⑪ double /dʌ́bl/ 形 二重の；2倍の(←2つに折りたたむ).
⑫ treble /trébl/ 形 3倍の；三重の(←3つに折りたたむ).

pli (折りたたむ) = fold

① **com**pli**c**ate （一緒に折り重ねる）
　　→複雑にする
② ex**pli**cit （外へ折り返された）→明白な

自由の女神のレプリカ (replica) ▶

例文・派生語

① **complicate** /kάmplɪkèɪt/ ＜com（共に）＋ pli（折りたたむ）＋ ate（…にする）＞

動 複雑にする： That **complicates** matters further. それで事がさらに複雑になる. complicat**ed** /kάmplɪkèɪtɪd/ 形 複雑な. complicat**ion** /kὰmplɪkéɪʃən/ 名 複雑な事柄.

② **explicit** /ɪksplísɪt/ ＜ex（外に）＋ pli（折りたたむ）＋ it（…された）＞

形 明白な： Do you have **explicit** evidence to prove it? それを立証する明白な証拠がありますか.

その他の同語源の語

③ **pli**ght /pláɪt/ 名 苦境, 苦しい状態（←折られた状態）.
④ im**pli**cit /ɪmplísɪt/ 形 それとなく表現されている（←中に折りたたまれた）.
⑤ du**pli**cate /d(j)úːplɪkèɪt/ 動 複製する（←2つに折り重ねる）.
⑥ re**pli**ca /réplɪkə/ 名 レプリカ, 複製（←繰り返し）.
⑦ re**pli**cate /répləkèɪt/ 動 繰り返す, 複写する（←折り返す）.
⑧ accom**pli**ce /əkάmplɪs/ 名 共犯者（←仲間←一緒に折たたむ）.
⑨ com**pli**city /kəmplísəti/ 名 共謀, 共犯（←一緒に折りたたむこと）.
⑩ **pli**able /pláɪəbl/ 形 曲げやすい, 柔軟な（←折りたためる）.
⑪ **pli**ant /pláɪənt/ 形 しなやかな, 柔軟な（←折りたためる）.
⑫ **pli**ers /pláɪɚz/ 名 ペンチ, プライヤー（←折りたたむ道具）.

ply（折りたたむ）= fold

① reply　　（折り返す）→返事をする
② apply　　（…に折り重ねる）→当てる
③ imply　　（中に包み込む）→ほのめかす
④ multiply　（たくさん折り重ねる）→掛ける

掛ける (multiply)

例文・派生語

① **reply** /rɪpláɪ/　＜ re（元に）+ ply（折りたたむ）＞
動 返事をする，答える；応答する：I **replied** to her email at once. 私は彼女のEメールにすぐ返事を送った．── **名** 返事．

② **apply** /əpláɪ/　＜ ap（= ad …に）+ ply（折りたたむ）＞
動 申し込む；適用される；応用する；当てる：Have you **applied** for a passport yet? もうパスポートを申請しましたか．
appli**cation** /ˌæpləkéɪʃən/ **名** 出願，申し込み；申込書；適用．

③ **imply** /ɪmpláɪ/　＜ im（= in 中に）+ ply（折りたたむ）＞
動 ほのめかす：She **implied** that I was at fault. 彼女は私に責任があるということをほのめかした．impli**cation** /ˌɪmpləkéɪʃən/ **名** 影響；含蓄．

④ **multiply** /mʌ́ltəplàɪ/　＜ multi（多くの）+ ply（折りたたむ）＞
動 （数）に（数）を掛ける；増やす；増える：**Multiply** 4 by 10. 4に10を掛けなさい．

その他の同語源の語

⑤ **ply** /pláɪ/ **動** （船が）定期的に往復する（← apply の語頭音消失）．
⑥ **ply**wood /pláɪwùd/ **名** 合板，ベニヤ板（←折り重ねた木材）．
⑦ two-**ply** /túːpláɪ/ **形** 2枚重ねの．

ploy（折りたたむ）= fold

① em**ploy**　　　　（中に巻き込む）→雇う
② ex**plo**it　　　　（外に折り返す）→開発する
③ di**plo**ma　　　（2つに折りたたんだ公文書）
　　　　　　　　　　→卒業証書
④ di**plo**matic　　（2つ折りの外交文書に関す
　　　　　　　　　　る）→外交の
⑤ de**ploy**　　　　（包みを広げる）→(軍隊)を配置する

ディスプレー
(display)

例文・派生語

① **employ** /ɪmplɔ́ɪ/　＜ em (= im 中に) ＋ ploy (折りたたむ) ＞

動 雇う： The restaurant **employed** a new cook last week. そのレストランは先週新しい料理人を雇った.
employ**ment** /ɪmplɔ́ɪmənt/ 名 雇用；職.
unemployment /ʌ̀nɪmplɔ́ɪmənt/ 名 失業率；失業.
employ**er** /ɪmplɔ́ɪɚ/ 名 雇い主, 雇用者.
employ**ee** /ɪmplɔɪíː/ 名 従業員, 被雇用者. **un**employ**ed** /ʌ̀nɪmplɔ́ɪd/ 形 失業した.

② **exploit** /ɪksplɔ́ɪt/　＜ ex (外に) ＋ ploit (折りたたんだ) ＞

動 利己的に利用する, 搾取する；開発する： The workers in the factory were **exploited**. その工場の労働者は搾取されていた.
exploit**ation** /èksplɔɪtéɪʃən/ 名 利用, 搾取；開発.

③ **diploma** /dɪplóʊmə/　＜ di (2つ) ＋ ploma (折りたたんだもの) ＞

名 卒業証書, 学位記： He received a high school **diploma**. 彼は高校の卒業証書をもらった.

④ **diplomatic** /dìpləmǽtɪk/　＜ diploma (公文書) ＋ tic (…に関する) ＞

形 外交の： Japan should maintain **diplomatic** relations with many countries. 日本は多くの国と外交関係を維持すべきである.

diplomacy /dɪplóʊməsi/ 名 外交.
diplomat /dípləmæt/ 名 外交官.

⑤ **deploy** /dɪplɔ́ɪ/ ＜ de（逆に）＋ ploy（折りたたむ）＞
動（軍隊）を配置する，展開させる：Troops were **deployed** along the border. 国境に沿って軍隊が配置されていた．

その他の同語源の語

⑥ display /dɪspléɪ/ 名 展示；ディスプレー；動 展示する（←折りたたんだ物を広げる）．
⑦ plait /plǽt, pléɪt/ 名 編んだ髪；（スカートの）プリーツ（←折りたたんだもの）．

point（点）

① **point** 点；指さす
② ap**point** （物事を1点に(絞る)）
　　　　　→任命する
③ disap**point** （当て外れにする）
　　　　　→失望させる

先のとがった靴
(pointy shoes)

例文・派生語

① **point** /pɔ́ɪnt/

名 点；要点；意義；先端：What was the **point** he was making in his speech? あの人が演説で言いたかった要点は何だったのですか．── **動** 指さす；向ける．
point**y** /pɔ́ɪnti/ **形** 先のとがった．

② **appoint** /əpɔ́ɪnt/ ＜ ap（= ad …に）+ point（点）＞

動 任命する，指名する：The prime minister **appoints** the members of his cabinet. 首相が閣僚を任命する．
appoint**ment** /əpɔ́ɪntmənt/ **名** 約束，任命（← 1点に絞ること）．

③ **disappoint** /dìsəpɔ́ɪnt/ ＜ dis（…しない）+ appoint（1点に絞る）＞

動 失望させる，がっかりさせる：She didn't want to **disappoint** her parents. 彼女は両親をがっかりさせたくなかった．
disappoint**ed** /dìsəpɔ́ɪntɪd/ **形** がっかりした，失望した．
disappoint**ment** /dìsəpɔ́ɪntmənt/ **名** 失望，期待はずれ．

その他の同語源の語

④ view**point** /vjúːpɔ̀ɪnt/ **名** 観点，見地，見解（←見る点）．
⑤ stand**point** /stǽn(d)pɔ̀ɪnt/ **名** 立場，見地，観点．

polic（都市）= city

① **police** （都市の秩序）→警察
② **policy** （都市の統治）→政策
③ **politics** （都市の学問）→政治

policemen ▶

例文・派生語

① **police** /pəlíːs/

名 警察；警官たち：The **police** are investigating the cause of the accident. 警察はその事故の原因を調査中だ．
police**man** /pəlíːsmən/ **名** 警官．police**woman** /pəlíːswùmən/ **名** 警官《女性》．

* 性別を示す語を避けるために公式には police officer を使う傾向にある．

② **policy** /páləsi/ ＜police と同語源＞

名 政策；方針，方策：This is one of the business **policies** of our firm. これはわが社の営業方針の1つだ．

③ **politics** /pálətìks/ ＜poli（都市）＋ics（…学）＞

名 政治；政策；政治学：**Politics** has been in the news a lot recently. 最近は政治がよくニュースになる．
politic**al** /pəlítikəl/ **形** 政治の，政治に関する．
politic**ize** /pəlítəsàɪz/ **動** 政治問題化する．
politic**ian** /pàlətíʃən/ **名** 政治家．

その他の同語源の語

④ metro**polis** /mətrápəlɪs/ **名** 主要[大]都市，首都（←母なる都市）．
⑤ megalo**polis** /mègəlápəlɪs/ **名** 巨帯都市，メガロポリス．

port（運ぶ）= carry

① ex**port** （外へ運び出す）
　　　　　→輸出（する）
② im**port** （中へ運び入れる）
　　　　　→輸入（する）
③ re**port** （運び戻す）→報告する
④ s**port** （仕事から人を遠ざける）
　　　　　→スポーツ
⑤ sup**port** （下から運び上げる）→支える
⑥ trans**port** （他の場所に運ぶ）→輸送（する）
⑦ **port**able （持ち運びできる）→携帯用の
⑧ **port**er （運ぶ人）→ポーター

荷物を運ぶ人（porter）

例文・派生語

① **export** /ɪkspɔ́ːrt/ ＜ ex（外へ）+ port（運ぶ）＞

動 輸出する： Japan imports raw materials and **exports** manufactured goods. 日本は原料を輸入し加工品を輸出する．
—— **名** /ékspɔːrt/ 輸出；輸出品： the **export** of automobiles 自動車の輸出．
export**er** /ɪkspɔ́ːrtər/ **名** 輸出業者，輸出国．export**ation** /èkspɔːrtéɪʃən/ **名** 輸出．

② **import** /ɪmpɔ́ːrt/ ＜ im（= in 中へ）+ port（運ぶ）＞

動 輸入する： We **import** a lot of wool from Australia. わが国は多くの羊毛をオーストラリアから輸入する．—— **名** /ímpɔːrt/ 輸入品；輸入．
import**er** /ɪmpɔ́ːrtər/ **名** 輸入業者，輸入国．import**ation** /ìmpɔːrtéɪʃən/ **名** 輸入．
import**ant** /ɪmpɔ́ːrtənt/ **形** 重要な（←多くのことをもたらす）．

③ **report** /rɪpɔ́ːrt/ ＜ re（元へ）+ port（運ぶ）＞

動 報告する；報道する： She **reported** the result to the committee. 彼女は結果を委員会に報告した．—— **名** 報告；報道： a **report** from Moscow モスクワからの報告．
report**er** /rɪpɔ́ːrtər/ **名** 取材記者．

④ **sport** /spɔ́ərt/ ＜ s (＝ dis 離れて) ＋ port (運ぶ)＞

名 スポーツ，競技，運動： Ice hockey is the national **sport** of Canada. アイスホッケーはカナダの国技である．

＊sport は disport /dɪspɔ́ərt/（動 遊び興じる←仕事から人を遠ざける）の語頭の di が消失してできた語で，元来「気晴らし（をする）」という意味であった．sport には狩猟・釣り・競馬なども含まれる．

sporty /spɔ́ərti/ 形（服装などが）はでな；運動の好きな．

⑤ **support** /səpɔ́ərt/ ＜ sup (＝ sub 下で) ＋ port (運ぶ)＞

動 支持する；支える；扶養する： We strongly **support** the new President in his policies. 我々は新大統領を政策面で強く支持する．── 名 支持，援助；支え．supporter /səpɔ́ərtər/ 名 支持者． supportive /səpɔ́ərtɪv/ 形 支えとなってくれる．

⑥ **transport** /trænspɔ́ərt/ ＜ trans (他の場所に) ＋ port (運ぶ)＞

動 輸送する： A huge amount of goods are **transported** by truck. 莫大な量の荷物がトラックで輸送される．

── 名 /trǽnspɔːrt/ 輸送： **transport** by railroad 鉄道による輸送．
transportation /trænspərtéɪʃən/ 名 輸送；輸送機関；交通手段．

⑦ **portable** /pɔ́ərtəbl/ ＜ port (運ぶ) ＋ able (…できる)＞

形 携帯用の，ポータブルの： a **portable** television 携帯用テレビ．
portability /pɔ̀ərtəbíləti/ 名 携帯性．

⑧ **porter** /pɔ́ərtər/ ＜ port (運ぶ) ＋ er (人)＞

名 ポーター，荷物運搬係，赤帽： hire a **porter** ポーターを雇う．

その他の同語源の語

⑨ **port** /pɔ́ərt/ 名 港．
⑩ **opport**unity /ɑ̀pət(j)úːnəti/ 名 機会，チャンス（←港の方へ行くこと）．
⑪ de**port** /dɪpɔ́ərt/ 動 (不法滞在者)を国外に追放する（←…から運ぶ）．
⑫ pur**port** /pə(ː)pɔ́ərt/ 動 (…である)と言う，主張する（←前に運ぶ）．

pose（置く）= place

① pro**pose** （前に置く）→ 提案する
② pur**pose** （前に置くもの）→ 目的
③ sup**pose** （下に置く）→ …ではないかと思う
④ ex**pose** （外に置く）→ さらす
⑤ im**pose** （…の上に置く）→ 課す
⑥ op**pose** （…に対して置く）→ 反対する
⑦ com**pose** （一緒に置く）→ 構成する
⑧ dis**pose** （離して置く）→ 配列する
⑨ **pose** （問題を置く）→ 提起する

結婚を申し込む（propose）

例文・派生語

① **propose** /prəpóuz/ ＜pro（前に）+ pose（置く）＞
動 提案する；結婚を申し込む：She **proposed** a new idea to us. 彼女は私たちに新しいアイデアを提案した．
prop**osal** /prəpóuz(ə)l/ 名 提案；プロポーズ．

② **purpose** /pə́ːpəs/ ＜pur（= pro 前に）+ pose（置く）＞
名 目的：This machine can be used for various **purposes**. この機械はいろいろな目的に使える．
purpose**ful** /pə́ːpəsf(ə)l/ 形 目的のある；故意の．

③ **suppose** /səpóuz/ ＜sup（= sub 下に）+ pose（置く）＞
動（…ではないか）と思う，想像する：Do you **suppose** that he'll be back by eight o'clock? 彼は8時までに帰ると思いますか．

④ **expose** /ɪkspóuz/ ＜ex（外に）+ pose（置く）＞
動 さらす，人目にさらす；暴露する：It can be dangerous to **expose** our skin to the sun's rays. 肌を太陽光線にさらすと危険なことがある．

⑤ **impose** /ɪmpóʊz/ ＜im（上に）＋pose（置く）＞
動 課す；押しつける：They **imposed** a heavy tax on luxury goods. 彼らはぜいたく品に重い税金を課した.

⑥ **oppose** /əpóʊz/ ＜op（＝ob …に対して）＋pose（置く）＞
動 反対する：We **opposed** his plan. 我々は彼の計画に反対した.
opposite /ápəzɪt/ **形** 正反対の；**名** 逆のこと；**前** …の向こう側に.

⑦ **compose** /kəmpóʊz/ ＜com（一緒に）＋pose（置く）＞
動 構成する；作曲する，作る："Unfinished Symphony" was **composed** by Schubert.「未完成交響曲」はシューベルトによって作曲された.
composition /kɑ̀mpəzíʃən/ **名** 構成；作品，作文；作曲；構図.

⑧ **dispose** /dɪspóʊz/ ＜dis（離して）＋pose（置く）＞
動 配列する；処分する：He has no right to **dispose** of the house. 彼にはその家を処分する権利はない.

⑨ **pose** /póʊz/ ＜元来は「休止する（pause）」の意＞
動（問題）を提起する；ポーズを取る：The incident **posed** a problem. その事件は1つの問題を提起した. ── **名** ポーズ；気取った態度.

その他の同語源の語

⑩ position /pəzíʃən/ **名** 位置；姿勢；立場（←置かれたところ）.
⑪ positive /pázətɪv/ **形** 明確な；確信した；積極的な（←位置の決まった）.
⑫ post /póʊst/ **名** 地位；職，持ち場（←置かれたもの）.
⑬ deposit /dɪpázɪt/ **名** 預金；手付金（←下に置かれたもの）.
⑭ composite /kəmpázɪt/ **形** 合成の，混成の（一緒に置かれた）.
⑮ posture /pástʃɚ/ **名** 姿勢，ポーズ（←身の置き具合）.
⑯ depose /dɪpóʊz/ **動**（王・権力者）を退位させる（←下に置く）.
⑰ interpose /ìntɚpóʊz/ **動** 間に置く，（異議）を差し挟む.
⑱ repose /rɪpóʊz/ **名** 休憩；**動** 休息する.
⑲ preposition /prèpəzíʃən/ **名** 前置詞（←名詞の前に置かれたもの）.

press（押す）

①	**press**	押す
②	ex**press**	（(考え)を外に押し出す）→表現する
③	im**press**	（心に押しつける）→印象を与える
④	re**press**	（押し返す）→抑える
⑤	sup**press**	（下に押しつける）→抑圧する
⑥	op**press**	（…に押しつける）→圧迫する
⑦	de**press**	（下に押す）→気落ちさせる
⑧	com**press**	（両方から押す）→圧縮する

（ボタンを）押す（press）

例文・派生語

① **press** /prés/

動 押す：**Press** the button. ボタンを押しなさい．
press**ure** /préʃɚ/ **名** 強制，圧力．
press**ing** /présɪŋ/ **形** 急を要する．

② **express** /ɪksprés/　＜ ex（外に）＋ press（押す）＞

動 （考え・感情など）を表現する：**Express** your feelings freely. あなたの感じていることを自由に表現しなさい．── **形** 急行の．── **名** 急行列車．
express**ion** /ɪksspréʃən/ **名** 表現；表情．
express**ive** / ɪksprésɪv/ **形** 表情に富む，表現力に富む．

③ **impress** /ɪmprés/　＜ im（＝ in 中に）＋ press（押す）＞

動 印象を与える；感銘を与える：His speech **impressed** the whole world greatly. 彼のスピーチは全世界に強い感銘を与えた．

106

impression /ɪmpréʃən/ 名 印象，感銘．
impressive /ɪmprésɪv/ 形 強い印象を与える，印象的な．
impressionist /ɪmpréʃ(ə)nɪst/ 名 印象主義者，印象派の芸術家[作家]．

④ **repress** /rɪprés/ ＜ re (後ろに) + press (押す)＞

動 抑える；抑えつける：**repress** one's emotions 感情を抑える．
repression /rɪpréʃən/ 名 抑圧；鎮圧．
repressive /rɪprésɪv/ 形 抑圧的な，弾圧的な．

⑤ **suppress** /səprés/ ＜ sup (= sub 下に) + press (押す)＞

動 抑圧する；抑える：**suppress** all criticism すべての批判を抑圧する．
suppression /səpréʃən/ 名 抑圧，鎮圧；抑制．
suppressor /səprésɚ/ 名 抑圧者；抑制剤．

⑥ **oppress** /əprés/ ＜ op (= ob …に向かって) + press (押す)＞

動 圧迫する，抑圧する： The people were **oppressed** by the government. 国民は政府に抑圧されていた．
oppression /əpréʃən/ 名 圧迫，圧制；圧迫感．
oppressive /əprésɪv/ 形 圧制的な，圧迫的な；重苦しい．
oppressor /əprésɚ/ 名 圧制者，迫害者．

⑦ **depress** /dɪprés/ ＜ de (下に) + press (押す)＞

動 気落ちさせる，落胆させる： We were quite **depressed** by the defeat. 私たちはその敗北ですっかり気落ちしてしまった．
depression /dɪpréʃən/ 名 憂鬱，落胆；不況．
depressed /dɪprést/ 形 気落ちした；不景気の．
depressing /dɪprésɪŋ/ 形 気落ちさせるような，気がめいるような．

⑧ **compress** /kəmprés/ ＜ com (共に) + press (押す)＞

動 圧縮する： **compressed** air 圧搾[圧縮]空気．
compression /kəmpréʃən/ 名 圧縮，圧搾．
compressor /kəmprésɚ/ 名 圧縮機．

print（押す）= press

① **print** （押しつける）
　　　→印刷する
② im**print** （…に押しつける）
　　　→印
③ re**print** （再び押し付ける）
　　　→再版する

足跡（footprints）

例文・派生語

① **print** /prínt/

動 印刷する；焼き付ける： The local newspaper is **printed** here. その地方紙はここで印刷されている． ── **名** 印刷；版画；模様．
print**er** /príntɚ/ **名** 印刷機，プリンター．

② **imprint** /ímprìnt/ ＜ im（= in 上に）+ print（押す）＞

名 印，跡： the **imprint** of the tires in the snow 雪に残されたタイヤの跡．
── **動** /imprínt/ 銘記する．

③ **reprint** /rìːprínt/ ＜ re（再び）+ print（押す）＞

動 再版する，増刷する：The book is now being **reprinted**. その本は今増刷中です．
　── **名** /ríːprìnt/ 再版，増刷．

その他の同語源の語

④ foot**print** /fútprìnt/ **名** 足跡（←足で押しつけた印）．
⑤ finger**print** /fíŋgɚprìnt/ **名** 指紋（←指で押しつけた印）．
⑥ blue**print** /blúːprìnt/ **名** 青写真，設計図（←青色に印刷されたもの）．

語根で覚える英単語

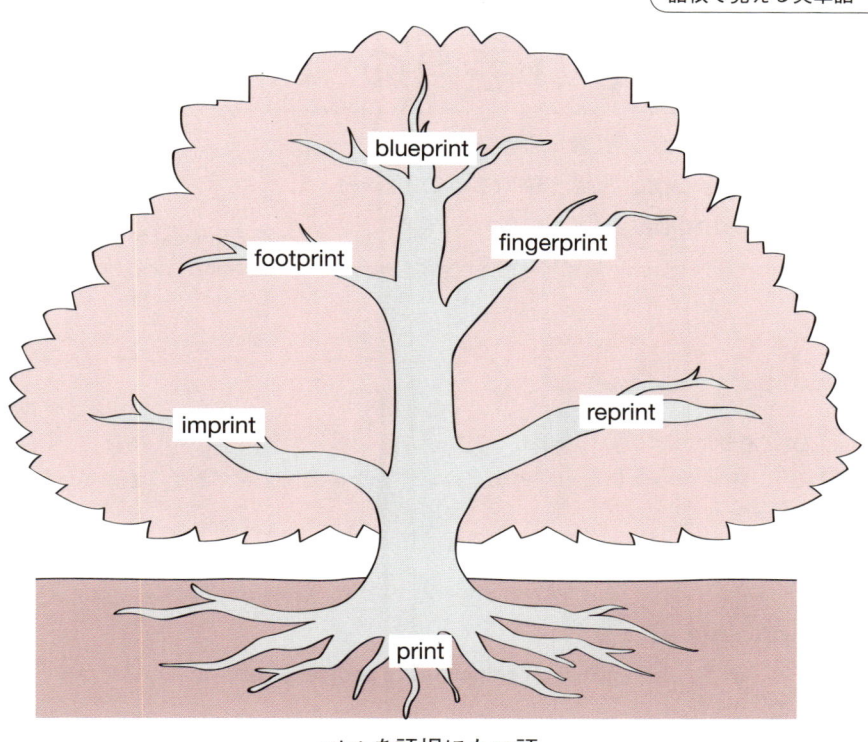

blueprint
fingerprint
footprint
reprint
imprint
print

print を語根にもつ語

prince (1番目の) = first

① **prince** （第1の席を占める人）→王子
② **princ**iple （第1位であること）→主義
③ **princ**ipal （第1位の）→主要な；校長

王子（prince）▶

例文・派生語

① **prince** /príns/
名 王子：The **prince** is destined to be king. 王子は王位を継ぐように運命づけられている.
princess /prínsəs/ **名** 王女，皇太子妃.

② **principle** /prínsəpl/
名 主義；原理：It is against my **principles** to pamper a child. 子供を甘やかすのは私の主義に反する.

③ **principal** /prínsəp(ə)l/ ＜ prince（最初）＋ al（…の）＞
形 主要な，主な：Their **principal** food is potatoes. 彼らの主食はジャガイモである. —— **名** 校長：The school has 45 teachers including the **principal**. この学校には校長を含めて45人の教師がいます.

その他の同語源の語

④ **prime** /práim/ **形** 最も重要な，第一の；**名** 最盛期.
⑤ **primal** /práim(ə)l/ **形** 原始的な；根本の.
⑥ **primary** / práimeri / **形** 第一の；初期の；根本の；主要な.
⑦ **primitive** /prímitiv/ **形** 原始の，原始的な（←最初の）.
⑧ **primate** /práimeit/ **名** 霊長類の動物（←第1位の(もの)）.
⑨ **primeval** /praimí:v(ə)l/ **形** 原始時代の（←最初の時代の）.
⑩ **primordial** /praimɔ́ːdiəl/ **形** 原始時代からある（←始まりの）.
⑪ **primer** /prímɚ/ **名** 手引き，入門書（←第一の(本)）.
⑫ **priority** /praiɔ́ːrəti/ **名** 優先する物[こと]，優先(権)（←第一に来ること）.

語根で覚える英単語

prove（証明する）

① **prove** 証明する
② ap**prove** （…の良さを証明する）
　　　　　→よいと認める
③ re**prove** （反証する）→しかる

しかる（reprove）

例文・派生語

① **prove** /prúːv/
動 証明する；…であることが分かる：I **proved** him to be innocent. 私は彼が無罪であることを証明した．（⇔ **dis**prove 動 反証する）
proof /prúːf/ 名 証拠；立証．

② **approve** /əprúːv/ ＜ap（= ad …の方へ）+ prove（証明する）＞
動 よいと認める，賛成する：I **approve** of the plan. 私はその計画に賛成です．

③ **reprove** /rɪprúːv/ ＜re（後ろに）+ prove（証明する）＞
動 しかる，たしなめる：My teacher **reproved** me for being impolite. 先生は私の不作法をたしなめた．

その他の同語源の語

④ **prob**able /prɑ́bəbl/ 形 ありそうな，見込みのある（←証明可能な）．
probably /prɑ́bəbli/ 副 たぶん，恐らく．
⑤ **prob**e /próub/ 動 突き止める，探り立てる（←証明する）．
⑥ **prob**ity /próubəti/ 名 誠実，正直（←証明すること）．
⑦ **prob**ate /próubeɪt/ 名 〖法律〗遺言などの検認（←証明されたもの）．
⑧ ap**prob**ation /ˌæprəbéɪʃən/ 名 許可，認可（←…の良さを証明すること）．
⑨ re**prob**ate /réprəbèɪt/ 名 ろくでなし，不良（←反証された人）．

rect (真っすぐな) = right

① **correct**   (真っすぐにした[する])
　　　　　　→正しい；訂正する
② di**rect**   (真っすぐにする)
　　　　　　→直接の
③ e**rect**   (上へ真っすぐにした)
　　　　　　→直立した
④ **rect**angle (直角のもの) →長方形
⑤ **rect**ify (真っすぐにする) →正しくする

長方形(rectangle)

例文・派生語

① **correct** /kərékt/ < cor (= con 完全に) + rect (真っすぐな) >

形 正しい，正確な，当を得た：Circle the **correct** answers. 正しい答えを丸で囲みなさい．

— 動 (誤り)を訂正する，直す：My teacher **corrected** the mistakes in my essay. 先生が私の作文の間違いを直してくれた．

(⇔ **in**correct 形 不正確な，間違った)
correction /kərékʃən/ 名 訂正，修正．
corrective /kəréktɪv/ 形 矯正的な，誤りを正す．
correctly /kəréktli/ 副 正確に，正しく．

② **direct** /dərékt/ < di (= dis 離れて) + rect (真っすぐな) >

形 直接の；一直線の：He avoided a **direct** answer. 彼は直接的な答えを避けた．

— 副 真っすぐに：This plane flies **direct** to New York. この飛行機はニューヨークへ直行する．

— 動 (注意)を向ける；指揮する；道を教える；指図する：He **directed** his eyes toward the building. 彼はその建物の方へ目を向けた．

(⇔ **in**direct 形 間接的な；遠回しの)
di**rect**ion /dərékʃən/ 名 方向；指示．
di**rect**ly /dəréktli/ 副 直接に；真っすぐに．

(⇔ in**direct**ly 副 間接的に；遠回しに)
director /dəréktɚ/ 名 重役；監督.
directory /dəréktəri/ 名 人名簿；電話帳.
directive /dəréktɪv/ 名 指令.

③ **erect** /ɪrékt/ ＜e (= ex 外へ，上へ) + rect (真っすぐな)＞

形 直立した：He held himself **erect**. 彼は直立不動の姿勢をとっていた.
── 動 建てる：A magnificent church was **erected** in the town. すばらしい教会が町に建てられた.
erection /ɪrékʃən/ 名 勃起；建設.

④ **rectangle** /réktæŋgl/ ＜rect (真っすぐな) + angle (角)＞

名 長方形：Draw a **rectangle** 10 cm long and 6 cm wide. 縦10センチ，横6センチの長方形を描きなさい.
rectangular /rektǽŋgjʊlɚ/ 形 長方形の.

⑤ **rectify** /réktəfàɪ/ ＜rect (真っすぐな) + ify (= fy …にする)＞

動 正しくする，直す：The error was finally **rectified**. その誤りは最終的には正された.
rectification /rèktəfɪkéɪʃən/ 名 改正，修正.
rectitude /réktət(j)ùːd/ 名 正しさ，正直.

riv (川岸) = riverbank

① **riv**er （川岸）→川
② **riv**al （同じ川を利用する人）
　　　　　→競争相手
③ ar**riv**e （川岸に着く）→到着する
④ de**riv**e （川から水を引く）→引き出す

川で競争するライバル (rival)

例文・派生語

① **river** /rívɚ/

名 川： The two **rivers** join here and flow down into the sea. その２つの川はここで合流して海に注ぎ込む.
riverside /rívɚsàɪd/ **名** 川辺.
riverbank /rívɚbæ̀ŋk/ **名** 川岸.
riverbed /rívɚbèd/ **名** 川床.

② **rival** /ráɪv(ə)l/ ＜ riv (川岸) + al (…の) ＞

名 競争相手，ライバル： The company is attempting a takeover of its **rival**. その会社は競争相手の乗っ取りを企てている.
— **動** …と対抗する，…に匹敵する： The two department stores are **rivaling** each other for customers. その２つのデパートは客の獲得でお互いに対抗している.
rivalry /ráɪv(ə)lri/ **名** 競争，対抗.

③ **arrive** /əráɪv/ ＜ ar (= ad …に) + rive (川岸) ＞

動 到着する，着く；達する： You should **arrive** at the hotel before dark. おそらく暗くなる前にホテルに着くでしょう.
ar**riv**al /əráɪv(ə)l/ **名** 到着.

④ **derive** /dɪráɪv/ ＜de (…から) + rive (川岸)＞

動 引き出す，得る；…の由来を求める：You can **derive** great pleasure from books. 書物から大きな楽しみを得ることができる．
deriv**ation** /dèrəvéɪʃən/ **名** 由来，期限．
deriv**ative** /dɪrívətɪv/ **名** 派生物；派生語．
deriv**able** /dɪráɪvəbl/ **形** 引き出せる；推論できる．

rupt（破れた）= broken

① ab**rupt** （突然破れた）→突然の
② bank**rupt** （銀行が破産した）→破産した
③ cor**rupt** （全く破れた）→堕落した
④ dis**rupt** （ばらばらに破る）→混乱させる
⑤ e**rupt** （破れて出る）→噴火する
⑥ inter**rupt** （間を破る）→…のじゃまをする

噴火する（erupt）

例文・派生語

① abrupt /əbrʌ́pt/　＜ ab（離れて）＋ rupt（破れた）＞
形 突然の，不意の：The bus came to an **abrupt** halt. そのバスは突然止まった.
abrupt**ly** /əbrʌ́ptli/ 副 突然，不意に.
abrupt**ness** /əbrʌ́ptnəs/ 名 不意.

② bankrupt /bǽŋkrʌpt/　＜ bank（銀行←金貸し業者の机）＋ rupt（破れた）＞
形 破産した：That company was declared **bankrupt**. その会社は破産を宣告された.
bankrupt**cy** /bǽŋkrʌptsi/ 名 破産，倒産.

③ corrupt /kərʌ́pt/　＜ cor（= con 完全に）＋ rupt（破れた）＞
形 堕落した，腐敗した：He led a **corrupt** life. 彼は堕落した生活を送った.
— 動 堕落させる：These students have been **corrupted** by their environment. この生徒たちは環境によって堕落したのだ.
corrupt**ion** /kərʌ́pʃən/ 名 堕落；買収，汚職.

④ disrupt /dɪsrʌ́pt/　＜ dis（離れて）＋ rupt（破れた）＞
動 混乱させる：Rail service was **disrupted** by the storm. あらしで鉄道が混乱した.
disrupt**ion** /dɪsrʌ́pʃən/ 名 混乱，中断.

⑤ **erupt** /ɪrʌ́pt/ ＜ e (= ex 外に) + rupt (破れた)＞

動 噴火する：A volcano off the coast on the ocean floor suddenly **erupted**. 沖合で突然海底火山が噴火した．
erup**tion** /ɪrʌ́pʃən/ **名** (火山の)爆発，噴火．

⑥ **interrupt** /ìntərʌ́pt/ ＜ inter (…の間に) + rupt (破れた)＞

動 …のじゃまをする；中断する：I'm sorry to **interrupt** you, but there's a phone call from your home. お話し中おじゃましてすみませんが，ご自宅からお電話です．
interrup**tion** /ìntərʌ́pʃən/ **名** 中断，妨害．

その他の同語源の語

⑦ **rupt**ure /rʌ́ptʃɚ/ **名** 破裂；決裂(←破れること)．

sal (塩) = salt

① **sal**t　　　塩
② **sal**ad　　（塩味の(野菜)）
　　　　　　　→サラダ
③ **sal**ary　　（塩を買うための金）
　　　　　　　→給料
④ **sa**uce　　（塩味の(調味料)）
　　　　　　　→ソース
⑤ **sa**usage　（塩をつけた(肉)）→ソーセージ

サラダ (salad)

例文・派生語

① **salt** /sɔ́:lt/

名 塩，食塩：A little **salt** will bring out the flavor. 塩を少々入れると風味が出ます．
sal**ine** /séɪliːn/ 形 塩分を含んだ，塩辛い．
sal**ty** /sɔ́:lti/ 形 塩気のある，塩辛い．

② **salad** /sǽləd/　＜「塩漬けされた」の意＞

名 サラダ： What kind of dressing would you like on your **salad**? サラダにはどのドレッシングがいいですか．
salad **bar** 名 サラダバー《レストランでサラダを自由に取れるコーナー》．
salad **bowl** 名 サラダボール．
salad **dressing** 名 サラダドレッシング．
salad **oil** 名 サラダ油．

③ **salary** /sǽl(ə)ri/　＜ sal (塩) + ary (…に関する)＞

名 給料，サラリー：I can't support my family on this **salary**. この給料では家族を養っていけない．
salar**ied** /sǽl(ə)rid/ 形 給料を取っている．

- ＊日本語の「サラリーマン」に相当する英語は an office worker, a salaried worker, a white-collar worker などである．
- ＊salary は知的な職業に対して支払われる月給などであるのに対して，肉体労働による給料で，週給・日給・時給などとして支払われる給料は wages としばしば複数形で用いる．
- ＊古代ローマ時代には兵士たちに塩を買うためのお金（給料）として salary が支払われた．当時，塩は貴重品だったのである．

④ **sauce** /sɔ́ːs/ ＜「塩味をつけた(もの)」の意＞

名 ソース：Let's serve this fish with a spicy **sauce**. この魚はスパイスの効いたソースをかけて出そう．

sauce**pan** /sɔ́ːspæn/ 名 シチューなべ．
sauc**er** /sɔ́ːsɚ/ 名 （カップの）受け皿（←ソース入れ）．
sauc**y** /sɔ́ːsi/ 形 セクシーな，生意気な．

- ＊日本語の「ソース」に相当する英語は Worcestershire sauce であり，英語の sauce は肉や魚料理にかけて味を添える液体状またはクリーム状の調味料すべてを指す．つまり dressing（ドレッシング）も ketchup（ケチャップ）も mayonnaise（マヨネーズ）も sauce であり，種類も white sauce（ホワイトソース），chili sauce(チリソース)，soy sauce（しょうゆ），tartar sauce（タルタルソース）などさまざまである．このようなことから Hunger is the best sauce.（空腹は最良のソース，空腹にまずいものなし）という諺の意味も理解しやすくなる．

⑤ **sausage** /sɔ́ːsɪdʒ/ ＜「塩味をつけた(もの)」の意＞

名 ソーセージ：Prick the **sausages** before you fry them. ソーセージをいためる前に小さな穴を開けなさい．

その他の同語源の語

⑥ **sal**ami /səlɑ́ːmi/ 名 サラミソーセージ（←塩で味つけしたもの）．

scribe（書く）= write

① de**scribe** （書き留める）→様子を述べる
② pre**scribe** （前もって書く）→(薬)を処方する
③ a**scribe** （…に対して書く）→(…の)せいにする
④ in**scribe** （書き入れる）→刻み込む
⑤ sub**scribe** （下に名前を書く）→予約申し込みする
⑥ tran**scribe** （書き換える）→書き写す

（石に文字を）刻む(inscribe)

例文・派生語

① **describe** /dɪskláɪb/ ＜de（下に）＋ scribe（書く）＞
動 様子を述べる，描写する；言う：He **described** the incident in detail. 彼はその事件について詳細に述べた.
descrip**tion** /dɪskrípʃən/ 名 記述，描写.
descrip**tive** /dɪskríptɪv/ 形 記述的な，叙述的な（⇔ prescriptive）.
indescrib**able** /ɪ̀ndɪskráɪbəbl/ 形 言い表せない，言語に絶する.

② **prescribe** /prɪskráɪb/ ＜pre（前もって）＋ scribe（書く）＞
動 (薬)を処方する，(療法)を指示する：The doctor **prescribed** a new medicine for my headaches. 医者は私の頭痛に新しい薬を処方した.
prescrip**tion** /prɪskrípʃən/ 名 処方箋；処方薬.
prescrip**tive** /prɪskríptɪv/ 形 規定する；規範的な（⇔ descriptive）.

③ **ascribe** /əskráɪb/ ＜a（…に）＋ scribe（書く）＞
動 (…の)せいにする，作とする：This painting is **ascribed** to Rembrandt. この絵はレンブラントの作とされている.

語根で覚える英単語

④ **inscribe** /ɪnskráɪb/ ＜in（中に）＋ scribe（書く）＞

動 刻む，彫る，記す： Their names were **inscribed** on the memorial. 彼らの名前が記念碑に刻まれた．

inscrip**tion** /ɪnskrípʃən/ **名** 銘，碑文．

⑤ **subscribe** /səbskráɪb/ ＜sub（下に）＋ scribe（書く）＞

動 定期購読する，予約する： I **subscribe** to an English-language newspaper. 私は英字新聞を定期購読しています．

subscrip**tion** /səbskrípʃən/ **名** 定期購読(料金)．
subscrib**er** /səbskráɪbɚ/ **名** 購読者．

⑥ **transcribe** /trænskráɪb/ ＜trans（別の場所に）＋ scribe（書く）＞

動 書き写す；書き起こす： This is a **transcribed** version of a tape recording. これはテープ録音から書き起こしたものです．

transcrip**t** /trǽnskrɪpt/ **名** 写し，複写．
transcrip**tion** /trænskrípʃən/ **名** 筆写，転写．

その他の同語源の語

⑦ circum**scribe** /sə́ːkəmskràɪb/ **動** 制限する；外接円を描く（←周囲に書く；☞ circ の項）．
⑧ **scrib**ble /skríbl/ **動** なぐり書きする；**名** なぐり書き（←何度も書く）．
⑨ **scribe** /skráɪb/ **名** 筆記者；記者（←書き手，書記）．
⑩ pro**scribe** /prouskráɪb/ **動** 禁止する（←前に書き足す）．

script (書かれた) = written

① **script** (書かれたもの)
　　→台本
② **post**script (後で書かれた (もの))
　　→追伸

聖書 (scripture) ▶

例文・派生語

① **script** /skrípt/
名 台本：a film **script** 映画の台本.

② **postscript** /póʊs(t)skrìpt/　＜ post (後の) ＋ script (書かれた)＞
名 追伸：add a **postscript** to one's letter 手紙に追伸を加える.

＊普通は P.S. と略して用いる.

その他の同語源の語

③ manu**script** /mǽnjʊskrìpt/ 名 原稿 (←手で書かれた (もの)；☞ manu の項).
④ **script**ure /skríptʃɚ/ 名 聖書, 聖典, 経典 (←書かれたもの).
⑤ con**script** /kənskrípt/ 動 徴兵する (←一緒に名前を書かれた [書く]).

語根で覚える英単語

scripture
conscript
postscript
manuscript
script

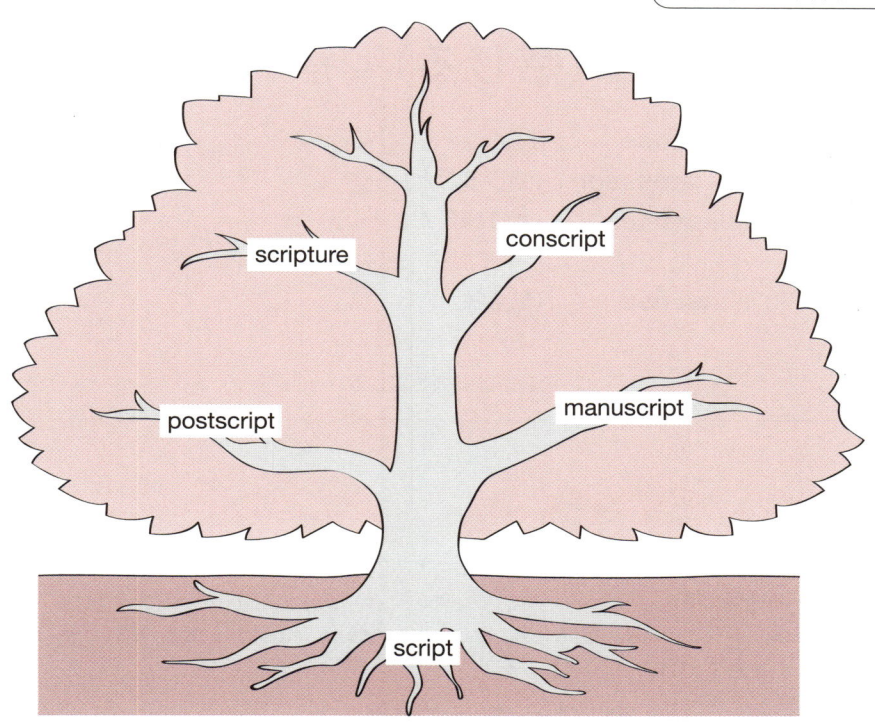

script を語根にもつ語

sense（感じる）= feel

① **sense** 感覚
② **sens**ation （感じること）→感覚
③ con**sens**us （共に感じたこと）
　　　　　　　→意見の一致
④ non**sense** （無意味）
　　　　　　　→ばかげた考え

危険が迫るのを感じる（sense）▶

例文・派生語

① sense /séns/

名 思慮，分別；感覚；意味：He had the **sense** to refuse the offer. 彼にはその申し出を断るだけの分別があった．

— **動** 感じる：We **sensed** danger approaching. 私たちは危険が迫っているのを感じた．

sens**ible** /sénsəbl/ **形** 思慮のある．
sens**itive** /sénsətɪv/ **形** 敏感な，感じやすい．
sens**ory** /sénsəri/ **形** 感覚の，知覚の．
sens**uous** /sénʃuəs/ **形** 感覚に訴える，感覚的な．
sense**less** /sénsləs/ **形** 無意味な，愚かな；無感覚で．

② sensation /senséɪʃən/ ＜ sens（感じる）＋ ation（…すること）＞

名 感覚，感じ；センセーション：I experienced a delightful **sensation** of happiness. 私は心の安らぎという気持のよい感覚を味わった．

sensation**al** /senséɪʃ(ə)nəl/ **形** センセーショナルな，扇情的な．

③ consensus /kənsénsəs/ ＜ con（共に）＋ sens（感じる）＋ us（…した）＞

名 意見の一致，合意：They have reached a **consensus** on taxation. 彼らは税制に関する意見の一致をみた．

語根で覚える英単語

④ **nonsense** /nánsèns/ ＜ non（無）＋ sense（意味）＞

名 ばかげた考え，ばかげた行為，ナンセンス： It's time we brought this **nonsense** to an end. こんなばかげた行為はもうやめさせる時だ．

── **感** ばかな！，くだらない！： Nonsense! Such an idea would never work! ばかな！ そんな考えはうまくいくものか．

nonsens**ical** /nɑnsénsɪk(ə)l/ **形** 無意味な；ばかげた．

その他の同語源の語

⑤ **sens**or /sénsɚ/ **名** 感知器，センサー（←感じ取るもの）．
⑥ extra**sens**ory / èkstrəséns(ə)ri/ **形** 超感覚的な（←感覚を越えた）．
⑦ in**sens**ate /ìnsénseɪt/ **形** 感覚のない；理性を欠いた（←感じない）．

125

sent（感じる）= feel

① **sent**ence　　（感じること）→文
② con**sent**　　（共に感じる）→同意(する)
③ dis**sent**　　（離れて感じる）→異議
④ re**sent**　　（(刺激などに)強く感じる）
　　　　　　→腹を立てる
⑤ **sent**iment　（感じるもの）→意見
⑥ as**sent**　　（同じに感じる）
　　　　　　→同意(する)

腹を立てる（resent）

例文・派生語

① sentence /séntəns/ ＜ sent（感じる）＋ ence（…すること）＞

名 文；判決, 宣告：I can't understand the structure of this **sentence**. この文の構造が私には理解できない.

—— **動** 判決を下す：The court **sentenced** him to five years in prison. 法廷は彼に禁固5年の判決を下した.

② consent /kənsént/ ＜ con（共に）＋ sent（感じる）＞

名 同意：She gave her **consent** to the proposal. 彼女はその提案に同意した.

—— **動** 同意する, 賛成する：His mother didn't **consent** to his going there alone. 彼の母は彼が一人でそこへ行くことには賛成しなかった.

③ dissent /dɪsént/ ＜ dis（離れて）＋ sent（感じる）＞

名 異議, 不同意：The proposal was accepted without **dissent**. その提案は異議なく受け入れられた.

—— **動** (…と)意見が異なる, 同意しない：I **dissent** from their opinion. 私は彼らの意見には同意しません.

④ **resent** /rɪzént/ ＜re（強く）＋ sent（感じる）＞
動 腹を立てる：He strongly **resented** my remarks. 彼は私の言葉に大変腹を立てた．
resent**ful** /rɪzéntf(ə)l/ **形** 憤慨している，怒った．
resent**ment** /rɪzéntmənt/ **名** 憤慨，憤り．

⑤ **sentiment** /séntəmənt/ ＜sent（感じる）＋ ment（もの）＞
名 意見，感情：There is strong public **sentiment** against the policy. その政策に対して国民の間では反対する意見が強い．
sentiment**al** /sèntəméntl/ **形** 感情に訴える，感傷的な．

⑥ **assent** /əsént/ ＜as（＝ ad …の方へ）＋ sent（感じる）＞
名 同意，賛成：They gave their **assent** to the plan. 彼らはその計画に同意した．
── **動** 同意する，賛成する：She **assented** to the proposal at once. 彼女はその提案にすぐ同意した．

その他の同語源の語

⑦ **scent** /sént/ **名** におい，香り（←鼻で感じる）．

＊語中の c は後から追加された．

⑧ **pre**sent**iment** /prɪzéntəmənt/ **名** （悪い）予感（←前に感じるもの）．

sent（存在する）= be

①	pre**sent**	((目の)前にいる) →出席している；現在(の)
		(前に差し出す(もの)) →贈呈する；贈り物
②	repre**sent**	(再び差し出す) →代表する
③	ab**sent**	(離れている) →欠席して
④	es**sent**ial	(存在している) →欠かせない

プレゼント（present）

例文・派生語

① **present** /préz(ə)nt/ ＜ pre (前に) + sent (いる) ＞

形 出席している，居合わせている；存在している；現在の： All the students are **present**. 生徒は全員出席している.

— 名 現在： You must live in the **present**, not in the past. 過去にではなく現在に生きなければいけません.

— 動 /prɪzént/ 贈呈する；もたらす；差し出す： The winners were **presented** with trophies. 勝者にはトロフィーが贈呈された. — 名 /préz(ə)nt/ 贈り物，プレゼント： We are going to give her a **present**. 私たちは彼女に贈り物をするつもりです.

present**ation** /prèz(e)ntéɪʃən/ 名 提示，披露；発表；贈呈.
present**er** /prɪzéntɚ/ 名 発表者；贈呈者；司会者.

② **represent** /rèprɪzént/ ＜ re (再び) + present (差し出す) ＞

動 代表する；相当する；表す，描いている： An ambassador **represents** his nation in a foreign country. 大使は外国にあって自国を代表する.
represent**ation** /rèprɪzentéɪʃən/ 名 代表，代理，代弁；表現.
represent**ative** /rèprɪzéntətɪv/ 名 代表者；下院議員；形 代表する.

③ **absent** /ǽbs(ə)nt/ ＜ ab（離れて）＋ sent（いる）＞

形 欠席して，欠勤して，不在の：Henry has been **absent** from school for three days. ヘンリーは3日間学校を欠席している．

—— 動 /æbsént/ 欠席する，欠勤する：Tom **absented** himself from the meeting. トムはその会合に欠席した．

absen**ce** /ǽbs(ə)ns/ 名 いないこと，不在，欠席，欠勤．
absent**ee** /æ̀bs(ə)ntíː/ 名 不在者，欠席者．

④ **essential** /ɪsénʃəl/ ＜ essent（存在している）＋ ial（…の性質の）＞

形 欠かせない，きわめて重要な；本質的な：Sleep and good diet are **essential** for healthy growth. 睡眠とよい食事は健やかな成長のためにはきわめて重要である．

—— 名 本質的な要素，不可欠なもの：We took the bare **essentials** for our trip abroad. 私たちは海外旅行に必要不可欠なものしか持っていかなかった．

essen**ce** /és(ə)ns/ 名 本質，エキス．
essential**ly** /ɪsénʃəli/ 副 本質的に；本質的には．

sign (印)

① **sign** 印；署名する
② **sign**al 合図
③ **sign**ature 署名
④ de**sign** （明確に示す）
　　　　　→デザイン
⑤ re**sign** （印を取り消す）
　　　　　→辞職する
⑥ as**sign** （…に印をつける）
　　　　　→割り当てる
⑦ de**sign**ate （明確に示す）→指定する
⑧ **sign**ify （印をつけて示す）→意味する
⑨ **sign**ificant （印をつけて示した）
　　　　　→重要な

「禁煙」の掲示 (sign)

例文・派生語

① **sign** /sáɪn/
图 掲示；印；形跡；合図：Can't you see the "NO SMOKING" **sign**? この「禁煙」の掲示が見えませんか.
— 動 署名する，サインする.

② **signal** /sígn(ə)l/ ＜ sign (印) ＋ al (…に関する) ＞
图 信号，合図：The bell was the **signal** to start work. ベルが始業の合図だった.
— 動 信号[身振り]で合図する.

③ **signature** /sígnətʃɚ/ ＜ sign (印) ＋ ure (…したもの) ＞
图 署名，サイン：Could I have your **signature** on this paper? この書類に署名していただけますか.

④ **design** /dɪzáɪn/ ＜ de（下に）＋ sign（印）＞
名 デザイン；模様；設計：She is working out a **design** for a dress. 彼女はドレスのデザインを練り上げている． —— **動** 設計する；デザインする．

⑤ **resign** /rɪzáɪn/ ＜ re（元に）＋ sign（印）＞
動 辞職する，退職する：The Foreign Minister **resigned** yesterday. 外務大臣はきのう辞職した．
resign**ation** /rèzɪɡnéɪʃən/ **名** 辞職，辞任；辞表．

⑥ **assign** /əsáɪn/ ＜ as（= ad …に）＋ sign（印）＞
動 割り当てる；指定する：He **assigned** me a difficult task. 彼は私に難しい仕事を割り当てた．
assign**ment** /əsáɪnmənt/ **名** 課題，宿題．

⑦ **designate** /dézɪɡnèɪt/ ＜ de（下に）＋ sign（印）＋ ate（…にする）＞
動 指定する；指名する：He was **designated** as chairman of the committee. 彼は委員会の議長に指名された．
designat**ion** /dèzɪɡnéɪʃən/ **名** 指定；指名．

⑧ **signify** /sígnəfàɪ/ ＜ sign（印）＋ ify（…にする）＞
動 意味する，表わす：What does this mark **signify**? この印はどういう意味ですか．

⑨ **significant** /sɪɡnífɪk(ə)nt/ ＜ sign（印）＋ ify（…にする）＋ ant（…性の）＞
形 重要な，意義深い：There is no **significant** difference between the two. その両者にはあまり重要な違いはない．（⇔ in**significant 形** 重要でない，無意味な）
significant**ly** /sɪɡnífɪk(ə)ntli/ **副** 重要なことには．
significan**ce** /sɪɡnífɪk(ə)ns/ **名** 重要性，意義．

その他の同語源の語

⑩ con**sign** /kənsáɪn/ **動** 片づける；預ける（←共に印をつける）．
⑪ **sign**atory /sígnətɔ̀:ri/ **名** 署名者；条約加盟国（←印をつけた（人））．
⑫ en**sign** /éns(ə)n/ **名** （船の）国旗，海軍旗（←中に印をつけたもの）．
⑬ **sign**et /sígnɪt/ **名** 印，認印（←小さい印）．

sist (立つ) = stand

① in**sist** (…の上に立つ)
　　→主張する
② as**sist** (そばに立つ)
　　→手助けする
③ con**sist** (一緒に立つ)
　　→(…から)成る
④ re**sist** (…に対して立つ)
　　→…に抵抗する
⑤ per**sist** (ずっと立つ) →あくまで通す
⑥ ex**ist** (外に立つ) →存在する

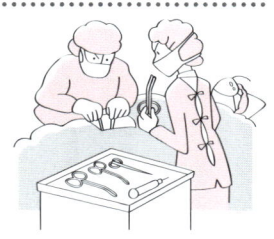

(手術の)手助けをする(assist)

例文・派生語

① **insist** /ɪnsíst/ ＜ in (…の上に) + sist (立つ) ＞
動 主張する，言い張る；強く要求する：He **insisted** on his innocence. 彼は自分は潔白だと言い張った．
insist**ence** /ɪnsístəns/ **名** 強い主張；無理強い．
insist**ent** /ɪnsístənt/ **形** 強要する，しつこい．

② **assist** /əsíst/ ＜ as (= ad…に) + sist (立つ) ＞
動 手助けする：Mary **assisted** John in doing his work. メアリーはジョンがその仕事をするのを手助けした．
assist**ance** /əsístəns/ **名** 援助，手助け．
assist**ant** /əsístənt/ **名** 助手；**形** 補助の．

③ **consist** /kənsíst/ ＜ con (共に) + sist (立つ) ＞
動 (…から)成る；(…に)ある：Water **consists** of hydrogen and oxygen. 水は水素と酸素から成る / Happiness **consists** in being contented. 幸福は満足することにある．

consist**ent** /kənsístənt/ 形 首尾一貫した，矛盾がない．
consist**ently** /kənsístəntli/ 副 一貫して，筋を通して．
consist**ency** /kənsístənsi/ 名 一貫性．

④ **resist** /rɪzíst/ ＜ re（反対して）＋ sist（立つ）＞
動 …に抵抗する；我慢する： The crowd **resisted** the police. 群衆は警官隊に抵抗した．
resist**ance** /rɪzístəns/ 名 抵抗，反対．
resist**ant** /rɪzístənt/ 形 抵抗する；抵抗力のある．

⑤ **persist** /pərsíst/ 動 ＜ per（…を通して）＋ sist（立つ）＞
動 あくまで通す，主張する： She **persisted** in her opinion in spite of all objections. 彼女はさかんに反対されたにもかかわらず自分の意見をあくまで通した．
persist**ent** /pərsístənt/ 形 固執する，頑固な．
persist**ence** /pərsístəns/ 名 頑固，固執．

⑥ **exist** /ɪgzíst/ ＜ ex（外に）＋ sist（立つ）＞
動 存在する，生存する： No life **exists** on the moon. 月には生物は存在しない．
exist**ence** /ɪgzístəns/ 名 存在，生存；生活．
exist**ing** /ɪgzístɪŋ/ 形 現在の．

その他の同語源の語

⑦ de**sist** /dɪsíst/ 動 やめる，断念する（←離れて立つ）．
⑧ sub**sist** /səbsíst/ 動 生存する；（やっと）暮らしていく（←…の下に立つ）．

spect（見る）= see

① pro**spect** （前を見る（こと））→見込み
② ex**pect** （(…を求めて)外を見る）→予期する
③ re**spect** （振り返って見る）→尊敬（する）
④ in**spect** （中を見る）→検査する
⑤ su**spect** （下を見る）→疑う
⑥ per**spect**ive （…を見通す（技法））→見方
⑦ a**spect** （…の方を見ること）→局面
⑧ **spect**acle （繰り返し見るもの）→光景
⑨ **spect**ator （見る人）→観客

観客（spectator）

例文・派生語

① **prospect** /práspekt/ ＜pro（前を）＋spect（見る）＞
名 見込み，予想：There is every **prospect** of his recovery. 彼が回復する見込みは大いにある．prospective /prəspéktɪv/ 形 予想される．

② **expect** /ɪkspékt/ ＜ex（外を）＋spect（見る）＞
動 予期する；期待する：He had **expected** trouble ahead. 彼はあらかじめ困難を予期していた．

③ **respect** /rɪspékt/ ＜re（後ろを）＋spect（見る）＞
名 尊敬，尊重；点：You should show more **respect** for your teacher. あなたは先生をもっと尊敬しなければいけない．── 動 尊敬する，尊重する．

④ **inspect** /ɪnspékt/ ＜in（中を）＋spect（見る）＞
動 検査する，調べる：The fire department regularly **inspects** the public buildings. 消防署は公共の建物を定期的に検査する．

⑤ **suspect** /səspékt/ ＜ sus (＝ sub 下から) ＋ spect (見る)＞
動 疑う，どうも…らしいと思う：They strongly **suspect** that he is guilty. 彼らは彼が有罪ではないかと強く疑っている． ── **名** /sʌ́spekt/ 容疑者；**形** 疑わしい．

⑥ **perspective** /pɚ·spéktɪv/ ＜ per (…を通して) ＋ spect (見る) ＋ ive (…の)＞
名 見方；遠近画法：Living in a foreign country will give you a broader **perspective** on things. 外国で生活すると物事に対するより広い見方ができるようになるだろう．

⑦ **aspect** /ǽspekt/ ＜ a (…の方を) ＋ spect (見る)＞
名 局面；見方；外観：The conflict has assumed a new **aspect**. その争いは新たな局面を迎えた．

⑧ **spectacle** /spéktəkl/ ＜ spect (見る) ＋ cle (もの)＞
名 光景，眺め；壮観：I was impressed with the grand **spectacle** of the Alps. 私はアルプスの雄大な眺めに感銘を受けた．

⑨ **spectator** /spektéɪtɚ/ ＜ spect (見る) ＋ or (人)＞
名 観客，見物人：The **spectators** cheered the weaker team. 観客は弱いほうのチームを応援した．

その他の同語源の語

⑩ retro**spect** /rétrəspèkt/ **名** 振り返ること，回顧(←さかのぼって見ること)．
⑪ circum**spect** /sɚ́ːkəmspèkt/ **形** 用心深い(←周りをよく見る)．
⑫ intro**spect** /ìntrəspékt/ **動** 内省する(←心の中を見る)．
⑬ **spec**ulate /spékjʊlèɪt/ **動** あれこれ考えをめぐらす(←よく見る)．
⑭ **spec**imen /spésəmən/ **名** 標本；見本(←見るもの)．
⑮ de**spi**se /dɪspáɪz/ **動** 軽蔑する(←下に見る)．
⑯ de**spi**te /dɪspáɪt/ **前** …にもかかわらず(←見下すこと)．
⑰ con**spi**cuous /kənspíkjʊəs/ **形** 目立つ(←完全に見える)．
⑱ **spy** /spáɪ/ **名** スパイ，諜報部員(←見張る(人))．

sta (立つ) = stand

① **sta**nd　　立っている
② **sta**ge　　（立つ場所）→舞台
③ **sta**tion　（立っているもの）→駅
④ **sta**te　　（立っている様子）
　　　　　　　→状態
⑤ **sta**tus　（立っている状態）→
　　　　　　　地位
⑥ e**sta**te　（立っている状態）→財産
⑦ **sta**ble　（(しっかり)立っていられる）→安定した
⑧ **sta**tistics（状態）→統計
⑨ e**sta**blish（しっかり立たせる）→設立する
⑩ ob**sta**cle（前に立つもの）→障害

立っている (stand)

例文・派生語

① stand /stǽnd/
動 立っている；立ち上がる；（位置が…に）ある： The train was crowded and we had to **stand** all the way. 列車が混んでいてずっと立っていなければならなかった．

② stage /stéɪdʒ/
名 段階；舞台： It is still in the testing **stage**. それはまだ実験段階にある．

③ station /stéɪʃən/　＜ sta（立つ）＋ tion（もの）＞
名 駅；署，局，…所： You can only get three TV **stations** here. このあたりでは3つのテレビ局しか映らない．

④ state /stéɪt/
名 状態；国家；州： He is in a poor **state** of health. 彼の健康状態はよくない．
── **動** 述べる． **state**sman /stéɪtsmən/ **名** 政治家（←国家の人）．

⑤ status /stéɪtəs/
名 地位：The social **status** of women has been raised. 女性の社会的地位は高められた．

⑥ estate /ɪstéɪt/
名 財産；地所：He has a large **estate** in the country. 彼はいなかに大きな地所を持っている．

⑦ stable /stéɪbl/ ＜ sta（立つ）＋ ble（＝ able できる）＞
形 安定した：Prices are fairly **stable** now. 今は物価がかなり安定している．

⑧ statistics /stətístɪks/ ＜ status（状態）＋ ics（…学）＞
名 統計；統計学：**Statistics** show that women live longer than men. 統計によると女性は男性よりも寿命が長い．statistical /stətístɪk(ə)l/ **形** 統計的な．

⑨ establish /ɪstǽblɪʃ/ ＜ stable（安定した）＋ ish（…にする）＞
動 設立する，創立する：This college was **established** in 1901. この大学は1901年に創立された．
＊語頭の e は後から追加された．

⑩ obstacle /ábstəkl/ ＜ ob（…に対して）＋ sta（立つ）＋ cle（もの）＞
名 障害：He had to overcome several **obstacles** to promotion. 彼は昇進の障害をいくつかを乗り越えなければならなかった．

その他の同語源の語

⑪ **sta**tue /stǽtʃuː/ **名** 像（←立つもの）．
⑫ **sta**ture /stǽtʃɚ/ **名** 水準；身長（←立っている高さ）．
⑬ **sta**tute /stǽtʃuːt/ **名** 成文法；規則（←成り立った（もの））．
⑭ **sta**tic /stǽtɪk/ **形** 静的な，動きのない（←立ったままにする）．
⑮ **sta**tionary /stéɪʃənèri/ **形** 動かない，静止した（←立っている）．
⑯ **sta**tionery /stéɪʃənèri/ **名** 文房具（←行商せずに店を構えた本屋が売る物）．
⑰ ec**sta**sy /ékstəsi/ **名** 有頂天（←自分から外れて立ち我を忘れること）．

stance (立っていること) = standing

① di**stance** （離れて立っていること）→距離
② circum**stance** （周囲に立っているもの）
　　　　　　　　→事情
③ in**stance** （すぐ近くにあるもの）
　　　　　　　　→例

打者のスタンス▶
（stance）

例文・派生語

① **distance** /dístəns/ ＜di (=dis 離れて) + stance (立っていること)＞
名 距離；遠方：What is the **distance** from here to New York? ここからニューヨークまでの距離はどのくらいありますか．
distan**t** /dístənt/ **形** 遠い，離れている（☞ stant の項）．

② **circumstance** /sˈɚːkəmstæns/ ＜circum (周囲に) + stance (立っているもの)＞
名 事情，状況：**Circumstances** made us change our plan. 事情があって我々は計画を変えなければならなかった．
circumstan**tial** /sˌɚːkəmstǽnʃəl/ **形** 状況による，付随的な．

③ **instance** /ínstəns/ ＜in (中に，近くに) + stance (立っているもの)＞
名 例：He cited several **instances** of cultural differences between Japan and the USA. 彼は日本と米国が文化的に異なる例をいくつかあげた．

その他の同語源の語

④ **substance** /sˈʌbstəns/ **名** 物質；実質，本質（←根底にあるもの）．
⑤ **stance** /stæns/ **名** 立場；（立った）姿勢，スタンス（←立っている位置）．

語根で覚える英単語

stant (立っている) = stand

① con**stant** （しっかり立っている）→ 絶えず続く
② di**stant** （離れて立っている）→ 遠い
③ in**stant** （すぐ近くにある）→ 即時の

インスタントの▶
(instant)

例文・派生語

① **constant** /kάnstənt/ ＜con (しっかり) ＋ stant (立っている)＞

形 絶えず続く；一定の： The meanings of words have undergone **constant** changes. 言葉の意味は絶えず変化してきた．

② **distant** /dístənt/ ＜dis (離れて) ＋ stant (立っている)＞

形 遠い，離れている： The railroad station is about two miles **distant** from here. 鉄道の駅はここからおよそ2マイル離れています．

③ **instant** /ínstənt/ ＜in (中に，近くに) ＋ stant (立っている)＞

形 即時の，すぐさまの；インスタントの： His new movie became an **instant** hit. 彼の新しい映画はすぐにヒットした． ── 名 瞬間： Just at that **instant** the bell rang. まさにその瞬間にベルが鳴った．

その他の同語源の語

④ under**stand** /ʌ̀ndəsténd/ 動 理解する，わかる（←物事の下に立つ）．
⑤ **stand**ard /sténdəd/ 名 標準，基準；形 標準の（←立っている地点）．
⑥ out**stand**ing /àutsténdiŋ/ 形 傑出した，目立つ（←外に立っている）．
⑦ by**stand**er /báistendə/ 名 傍観者（←そばに立つ人）．
⑧ **stand**by /stén(d)bài/ 名 代わりになる物［人］，代役（←そばに立つもの）．
⑨ **stand**off /sténdɔ̀:f/ 名 （争いの）行き詰まり（←両軍が離れて立つ）．
⑩ with**stand** /wiθsténd/ 動 抵抗する；よく耐える（←反対して立つ）．

stitute (立てた) = set up

① in**stitute** (上に立たてた(もの)) →研究所；設ける
② sub**stitute** (下に立てた) →代用する
③ con**stitute** (共に立てた) →構成する

例文・派生語

① institute /ínstət(j)ùːt/ ＜ in (上に) + stitute (立てた) ＞

名 研究所；学会：He works for an **institute** for the study of cancer. 彼はがん研究のための研究所に勤めている．

— **動** 設ける；制定する：When did Russia **institute** the office of president? ロシアはいつ大統領の職を設けたのですか．

institut**ion** /ìnstət(j)úːʃən/ **名** 施設，公共機関．
institut**ional** /ìnstət(j)úːʃ(ə)nəl/ **形** 協会［学会］の．

② substitute /sʌ́bstət(j)ùːt/ ＜ sub (下に) + stitute (立てた) ＞

動 (…の)代わりに(〜)を使う，代用する：You can **substitute** chicken for beef in this recipe. この料理法では牛肉の代わりに鶏肉を使っても結構です．

— **名** 代わる物，代わる人：There is no **substitute** for hard work. 一生懸命に働くことに代わるものはない．

substitut**ion** /sʌ̀bstət(j)úːʃən/ **名** 代用，代理．

③ constitute /kánstət(j)ùːt/ ＜ con (共に) + stitute (立てた) ＞

動 構成する：These people **constituted** the upper class of that town. この人たちがその町の上流階級を構成した．

constitut**ion** /kànstət(j)úːʃən/ **名** 憲法．
constitut**ional** /kànstət(j)úːʃ(ə)nəl/ **形** 憲法(上)の．
constitu**ent** /kənstítʃuənt/ **名** 選挙人．
constitu**ency** /kənstítʃuənsi/ **名** 選挙区．

その他の同語源の語

④ **pro**stitute /prάstət(j)ùːt/ 名 売春婦(←前に立たせた(人)).
　　prostitution /prὰstət(j)úːʃən/ 名 売春(行為).
⑤ de**stitute** /déstət(j)ùːt/ 形 極貧の(←離して立てた).
　　destitution /dèstət(j)úːʃən/ 名 貧困, 窮乏.
⑥ re**stitut**ion /rèstət(j)úːʃən/ 名 返却; 損害賠償(←再び立たせること).

struct（築く）= build

① **struct**ure （構築されたもの）→ 構造
② con**struct** （一緒に積み重ねる）→建設する
③ de**struct**ion （構造を解く）→破壊
④ in**struct** （上に築く）→教える
⑤ re**struct**ure （再び築く（こと））→再編成する
⑥ ob**struct** （…に対して築く）→妨害する

建設する（construct）

例文・派生語

① structure /strʌ́ktʃɚ/ < struct（築く）+ ure（こと，もの）>
名 構造；建築物：The social **structure** of this country is complex. この国の社会構造は複雑である．
substructure /sʌ́bstrʌ̀ktʃɚ/ **名** 下部構造；基礎工事．
superstructure /súːpɚstrʌ̀ktʃɚ/ **名** 上部構造．

② construct /kənstrʌ́kt/ < con（一緒に）+ struct（築く）>
動 建設する；構成する：They are **constructing** a new library in the center of the city. 市の中心部に新しい図書館を建設している．
construct**ion** /kənstrʌ́kʃən/ **名** 建設（⇔ destruction）．
construct**ive** /kənstrʌ́ktɪv/ **形** 建設的な．
reconstruct /rìːkənstrʌ́kt/ **名** 復元する；再建する．
reconstruct**ion** /rìːkənstrʌ́kʃən/ **名** 再建；復元．

③ destruction /dɪstrʌ́kʃən/ < de（逆に）+ struct（築く）+ ion（こと）>
名 破壊：We must pay more attention to environmental **destruction**. 私たちは環境破壊にもっと注意を払わなければならない．（⇔ construction）

destroy /dɪstrɔ́ɪ/ 動 破壊する.
destructive /dɪstrʌ́ktɪv/ 名 破壊的な.
destruct /dɪstrʌ́kt/ 動 (ミサイル)を自爆させる.

④ instruct /ɪnstrʌ́kt/ ＜in (上に) + struct (築く)＞

動 指示する；教える：The teacher **instructed** her students to prepare for the play. 先生は生徒たちに劇の準備をしておくように指示した.
instruction /ɪnstrʌ́kʃən/ 名 使用説明(書)；指示；教育.
instructive /ɪnstrʌ́ktɪv/ 形 教育的な.
instructor /ɪnstrʌ́ktɚ/ 名 インストラクター，指導者.

⑤ restructure /rìːstrʌ́ktʃɚ/ ＜re (再び) + struct (築く) + ure (こと)＞

動 再編成する：We'll have to **restructure** the company. 会社を再編成しなければならないだろう.
restructuring /rìːstrʌ́ktʃ(ə)rɪŋ/ 名 構造改革，リストラ.

⑥ obstruct /əbstrʌ́kt/ ＜ob (…に対して) + struct (築く)＞

動 (道など)をふさぐ；妨害する：The traffic accident **obstructed** the road. その交通事故が道路をふさいだ.
obstruction /əbstrʌ́kʃən/ 名 妨害.

その他の同語源の語

⑦ instrument /ínstrəmənt/ 名 道具，器械；楽器 (←建築のためのもの).
⑧ industry /índəstri/ 名 産業；工業；勤勉 (←中に築くこと).

sume（取る）= take

① a**sume**（態度を取る）→仮定する
② re**sume**（再び取る）→再び始める
③ con**sume**（完全に取る）→消費する
④ pre**sume**（前もって取る）→推定する

（船の乗員は死亡したと）推定する（presume）

例文・派生語

① **assume** /əsúːm/ ＜ as (=ad …の方へ) + sume (取る) ＞

動 当然…と思う：I **assume** that he is innocent. 私は当然彼が無実だと思う．
assum**ption** /əsʌ́m(p)ʃən/ 名 仮定．

② **resume** /rɪzúːm/ ＜ re (再び) + sume (取る) ＞

動 再び始める：After a fifteen-minute break, we **resumed** our duties. 15分間休憩した後，私たちは仕事を再び始めた．

③ **consume** /kənsúːm/ ＜ con (完全に) + sume (取る) ＞

動 消費する：This new car **consumes** little fuel. この新しい車はあまり燃料を消費しない．
consum**ption** /kənsʌ́m(p)ʃən/ 名 消費，消費量．
consum**er** /kənsúːmɚ/ 名 消費者．
consum**ing** /kənsúːmɪŋ/ 形 (感情などが) 激しい．

④ **presume** /prɪzúːm/ ＜ pre (前もって) + sume (取る) ＞

動 推定する，…と考える：The crew are still missing, and **presumed** to be dead. 乗組員は依然行方不明であり，死亡したと推定される．

presum**ption** /prɪzʌ́m(p)ʃən/ 名 推定, 仮定.
presum**ably** //prɪzúːməbli/ 副 たぶん, 恐らく.

その他の同語源の 語

⑤ **sum**ptuous /sʌ́m(p)tʃuəs/ 形 高価な; 豪華な (←金をふんだんに取る).
⑥ sub**sume** /səbsúːm/ 動 包含する (←取って下に置く).

tain（保つ）= keep

① con**tain** （共に保つ）→含む
② main**tain** （手で支える）→維持する
③ enter**tain** （間に保つ）→楽しませる
④ ob**tain** （そばに保つ）→得る
⑤ re**tain** （後ろに保つ）→保つ
⑥ sus**tain** （下から保つ）→支える
⑦ de**tain** （離して保つ）→引き止める
⑧ abs**tain** （離れて保つ）→慎む

（箱にりんごが）入っている（contain）

例文・派生語

① **contain** /kəntéɪn/ ＜con（共に）＋tain（保つ）＞
動 含む；収容できる：This candy **contains** preservatives and food coloring. このキャンディーは保存料や着色料を含んでいる.
contain**er** /kəntéɪnɚ/ 名 容器，入れ物.

② **maintain** /meɪntéɪn/ ＜main（手）＋tain（保つ）＞
動 維持する；保ち続ける：Our country should **maintain** friendly relations with many countries. 我が国は多くの国と友好関係を維持するべきである.
mainten**ance** /méɪntnəns/ 名 維持.

③ **entertain** /èntɚtéɪn/ ＜enter（= inter 間に）＋tain（保つ）＞
動 楽しませる；もてなす：She **entertained** the children with an interesting story. 彼女は子供たちにおもしろい話をして楽しませた.
entertain**ment** /èntɚtéɪnmənt/ 名 娯楽；余興. entertain**er** /èntɚtéɪnɚ/ 名 芸人.

④ **obtain** /əbtéɪn/ ＜ob（…に向かって）＋tain（保つ）＞
動 得る，手に入れる：They **obtained** this information from a spy. 彼らはこの情報をスパイから得た. obtain**able** /əbtéɪnəbl/ 形 入手できる，得られる.

⑤ retain /rɪtéɪn/ ＜re (後ろに) + tain (保つ)＞

動 保つ，保有する： The town still **retains** its old charm. その町は昔ながらの魅力をいまだに保っている．

retention /rɪténʃən/ **名** 保有，保持．
retentive /rɪténtɪv/ **形** 記憶力のすぐれた，保持力のある．

⑥ sustain /səstéɪn/ ＜sus (= sub 下で) + tain (保つ)＞

動 維持する；支える： Cheap, renewable energy will be needed to **sustain** economic growth. 安くて再生可能なエネルギーが経済成長を維持するために必要となるだろう．

sustained /səstéɪnd/ **形** 長期間の，持続した．

⑦ detain /dɪtéɪn/ ＜de (離して) + tain (保つ)＞

動 勾留する；引き止める： He was **detained** for questioning. 彼は尋問のため勾留された．

detention /dɪténʃən/ **名** 勾留；居残り．
detainee /dɪtèɪníː/ **名** 抑留者，勾留者．

⑧ abstain /æbstéɪn/ ＜abs (= ab 離れて) + tain (保つ)＞

動 棄権する；慎む： If you **abstain** from voting in Australia, you have to pay a fine. オーストラリアでは投票に棄権すると罰金を払わなければならない．

abstention /æbsténʃən/ **名** 棄権，控えること．

その他の同語源の語

⑨ pertain /pətéɪn/ **動** 直接関係がある；付属する (←しっかりと保つ).
　 pertinent /pə́ːtənənt/ **形** 直接関係がある；適切な．

tend（広げる）= stretch

① **tend** （…の方へ広がる）→…の傾向がある
② at**tend** （…に心を向ける）→注意する
③ in**tend** （…の方へ注意を向ける）
　　　　　→…しようと思う
④ ex**tend** （外へ広げる）→拡張する
⑤ con**tend** （共に張り出す）→競争する
⑥ pre**tend** （前に張り出す）→主張する；
　　　　　…のふりをする
⑦ **tend**er 差し出す
　　　　　（よく伸びる）→柔らかい

（手を）広げる
（extend）

例文・派生語

① tend /ténd/
動 …の傾向がある，…しがちである： He **tends** to exaggerate everything. 彼は何でもみな大げさに言う傾向がある．
tend**ency** /téndənsi/ 名 傾向．

② attend /əténd/ ＜ at（= ad …に）+ tend（広げる）＞
動 出席する；看護する；注意する： More than 100 people **attended** the party. 100人を超える人がそのパーティーに出席した．
attend**ance** /əténd(ə)ns/ 名 出席；出席者．
attend**ant** /əténd(ə)nt/ 名 サービス係，案内係．
atten**tion** /əténʃən/ 名 注意；世話．
atten**tive** /əténtɪv/ 形 注意深い；よく気を配る．

③ intend /ɪnténd/ ＜ in（…の方に）+ tend（広げる）＞
動 …しようと思う，…するつもりである： She **intends** to go to Europe this summer. 彼女はこの夏ヨーロッパに行くつもりです．
inten**tion** /ɪnténʃən/ 名 意図．　inten**tional** /ɪnténʃ(ə)nəl/ 形 故意の．

④ **extend** /ɪksténd/ ＜ex（外に）＋ tend（広げる）＞

動 広がる；拡張する，広げる；延長する：This desert **extends** from here to the sea. この砂漠はここから海まで広がっている.
ex**tension** /ɪksténʃən/ **名** 延ばした［広げた］部分；内線；延長.
ex**tent** /ɪkstént/ **名** 程度；広がり. ex**tensive** /ɪksténsɪv/ **形** 広範囲にわたる.

⑤ **contend** /kənténd/ ＜con（＝com 共に）＋ tend（張り出す）＞

動 競争する，闘う；主張する：On the last day four teams **contended** for the championship. 最終日に4チームが優勝をかけて競い合った.
con**tention** /kənténʃən/ **名** 論点. con**tentious** /kənténʃəs/ **形** 異論のある.

⑥ **pretend** /prɪténd/ ＜pre（前に）＋ tend（張り出す）＞

動 …のふりをする；…と主張する：He **pretended** that he had a cold. 彼はかぜを引いたふりをした.
pre**tense** /príːtens, prɪténs/ **名** 見せかけ. pre**tension** /prɪténʃən/ **名** 見え，気取り.
pre**tentious** /prɪténʃəs/ **形** 気取った；うぬぼれた.

⑦ **tender** /téndɚ/

動 差し出す：He carefully read the papers **tendered** to him. 彼は差し出された書類を注意深く読んだ. ── **形** 優しい；柔らかい.

その他の同語源の 語

⑧ super**intend** /sùːp(ə)rɪnténd/ **動** 監督する（←上から…の方へ張り出す）.
　 super**intendent** /sùːp(ə)rɪnténdənt/ **名** 監督.
⑨ dis**tend** /dɪsténd/ **動** 膨らませる（←離れたところまで広げる）.
⑩ por**tend** /pɔɚténd/ **動** 前ぶれ［前兆］となる（←前に張り出す）.
⑪ **tent** /tént/ **名** テント（←引っ張ったもの）
⑫ **tense** /téns/ **形** 緊張した；ぴんと張った（←引っ張った）.
⑬ **tension** /ténʃən/ **名** 緊張（←引っ張った状態）.
⑭ in**tensify** /ɪnténsəfàɪ/ **動** 強める；強くなる（←中に張り出す）.
⑮ os**tentatious** /àstəntéɪʃəs/ **形** 見えを張る（←…の方へ張り出す）.

term(限界)= limit

①	**term**	(限界→期限)→ 期間
②	de**term**ine	(区切りをつける)→ 決心する
③	**term**inal	終点(の)
④	**term**inate	終わらせる
⑤ ex**term**inate		(境界の外へ追い出す)
		→ 根絶する

終点(terminal)

例文・派生語

① term /tə́:m/

名 期間；専門用語；学期；条件：We have to consider the effects of long **term** use of agricultural chemicals. 私達は長期間にわたる農薬使用の及ぼす影響についてよく考えなければならない.

② determine /dɪtə́:mɪn/ ＜de(完全に)＋termine(限界を定める)＞

動 決定する；決心をする：Prices are **determined** by supply and demand. 物の値段は需要と供給によって決まる.

> * supply and demand は日本語の「需要と供給」と語順が逆になる.

determin**ation** /dɪtə̀:mənéɪʃən/ **名** 決心，決断力.
determin**ed** /dɪtə́:mɪnd/ **形** 堅く決心した. determin**ant** /dɪtə́:mɪnənt/ **名** 決定要素.
predetermin**ed** /prì:dɪtə́:mɪnd/ **形** 前もって決められた.

③ terminal /tə́:mən(ə)l/

名 終点，ターミナル；端末：We got off the bus at the **terminal**. 私たちは終点でバスを降りた.

— **形** 末期の，終点の：His mother is suffering from **terminal** cancer. 彼の母は末期がんに苦しんでいる.

④ **terminate** /tˈɚːmənèɪt/ ＜ term (限界) ＋ ate (…にする) ＞
動 終わらせる，やめる；終わる： The two countries finally **terminated** hostilities. 両国はついに戦闘を終わらせた．
termin**ation** /tɚ̀ːmənéɪʃən/ **名** 終了．

⑤ **exterminate** /ɪkstˈɚːmənèɪt/ ＜ ex (外に) ＋ term (限界) ＋ ate (…にする) ＞
動 根絶する；駆除する： The disease is considered to be totally **exterminated**. その病気は完全に根絶したと考えられている．
extermin**ation** /ɪkstɚ̀ːmənéɪʃən/ **名** 根絶；駆除

その他の同語源の 語

⑥ **term**inology /tɚ̀ːmənάlədʒi/ **名** 専門用語，術語（←他と区切られた言葉）．
⑦ **term**inus /tˈɚːmənəs/ **名** 終点．
⑧ in**term**inable /ɪntˈɚːmənəbl/ **形** 果てしなく続く（←際限のない）．
⑨ co**term**inous /kòʊtˈɚːmənəs/ **形** 隣接する（←同じ境界を持つ）．

test（証言する）= witness

① pro**test**　　　　（人前で証言する）→抗議する
② con**test**　　　　（共に証言し合う）→競争；競う
③ **test**ify　　　　証言する
④ **test**imony　　（証言すること）→証言

例文・派生語

① **protest** /prətést/　＜ pro（前で）＋ test（証言する）＞
動 抗議する，反対する，異議を唱える：The salesclerks **protested** to their boss. 店員たちは店長に抗議した．── **名** /próutest/ 抗議，異議．**protestation** /pràtestéɪʃən/ **名** 断言；抗議．**Protestant** /prátəstənt/ **形** プロテスタントの，新教の；**名** 新教徒（←宗教改革を否認した国会に抗議した人）．

② **contest** /kántest/　＜ con（共に）＋ test（証言する）＞
名 競争，競技，コンテスト：He won the laurels at the speech **contest**. 彼はスピーチコンテストで栄冠を勝ち取った．── **動** /kəntést/ 競う．

③ **testify** /téstəfàɪ/　＜ test（証言）＋ ify（…する）＞
動 証言する：The witness **testified** against the prisoner. 証人は被告人に不利な証言をした．

④ **testimony** /téstəmòuni/　＜ test（証言する）＋ mony（こと）＞
名 証言：She gave **testimony** that her husband had been at home all that day. 夫はその日一日中家にいたと彼女は証言した．

その他の同語源の語

⑤ at**test** /ətést/ **動** 証言する，証明する（←…の方へ証言する）．
⑥ de**test** /dɪtést/ **動** 憎む，ひどく嫌う（←悪く証言する）．
⑦ **test**ament /téstəmənt/ **名** 証拠；遺言；聖書（←証言するもの）．

text（織られた）= woven

① text　　　（織られた物）→本文
② context　（一緒に織られたもの）→背景
③ textile　（織られた物）→織物
④ texture　（織られた結果）→手触り
⑤ pretext　（前もって織られたもの）→口実

教科書(textbook)

例文・派生語

① text /tékst/

名 本文；原文：This book contains too much **text** and not enough pictures. この本は本文が多すぎて挿絵が十分に入っていない．
text**ual** /tékstʃuəl/ **形** 本文の；原文の．
text**book** /téks(t)bùk/ **名** 教科書，テキスト．

② context /kántekst/ ＜con（一緒に）+ text（織られた）＞

名 背景；コンテクスト，文脈，前後関係：You should be able to tell the meaning of this word from the **context**. 文脈からこの語の意味がわかるはずだ．
context**ual** /kəntékstʃuəl/ **形** 前後の関係上の，文脈上の．

③ textile /tékstaɪl/ ＜text（織られた）+ ile（…に関するもの）＞

名 織物，繊維：He works for a **textile** company. 彼は繊維会社に勤めている．

④ texture /tékstʃɚ/ ＜text（織られた）+ ure（結果）＞

名 手触り；生地；質感：This cloth has a smooth **texture** like silk. この布は絹のようになめらかな手触りだ．

⑤ pretext /príːtekst/ ＜pre（前もって）+ text（織られた）＞

名 口実，弁解：She used a sore leg as a **pretext** for staying at home. 彼女は脚が痛いのを家にいる口実にした．

tort (ねじる) = twist

① **tort**ure　　（ねじること）→拷問
② **dis**tort　　（ねじって別の形にする）
　　　　　　　　→歪める
③ **re**tort　　（ねじり返す）→言い返す
④ **tort**oise　　（ねじれた足）→亀

亀 (tortoise)

例文・派生語

① torture /tɔ́ərtʃər/　＜ tort（ねじる）+ ure（こと）＞

名 拷問；ひどい苦しみ：The prisoner was put to **torture**. その囚人は拷問にかけられた.

— **動** （ひどく）苦しめる；拷問にかける：The problem **tortured** the boss. その問題は主任をひどく苦しめた.

tortur**er** /tɔ́ərtʃərər/　**名** ひどい苦しみを与える人；拷問者.

② distort /dɪstɔ́ərt/　＜ dis（離して）+ tort（ねじる）＞

動 歪める：He has **distorted** what I said. 彼は私が言ったことを歪めて伝えた.
distort**ion** /dɪstɔ́ərʃən/　**名** 曲げて伝えること，歪曲.

③ retort /rɪtɔ́ərt/　＜ re（元へ）+ tort（ねじる）＞

動 言い返す：He **retorted** that my question was not worth answering. 彼は私の質問は答えるに値しないと言い返してきた.

④ tortoise /tɔ́ərtəs/　＜「（亀の足の形が）ねじれた」の意との関連から＞

名 亀：That reminded me of a fable of Aesop about the hare and the **tortoise**. それで私はうさぎと亀のイソップ物語を思い起こしました.

> ＊亀は冥界に住むとも信じられていた.
> ＊ tortoise は特に陸亀のことを指し，海亀は turtle といって区別することがある．turtle は turtleneck（タートルネックのセーター）などとして用いる.

その他の同語源の語

⑤ **extort** /ɪkstɔ́ːrt/ 動 無理強いする；ゆすり取る(←外にねじり出す).
　extortion /ɪkstɔ́ːrʃən/ 名 強要，ゆすり.
⑥ **torment** /tɔ́ːrment/ 名 苦痛，苦悩；動 /tɔːrmént/ 激しく苦しめる，悩ます.
⑦ **tortuous** /tɔ́ːrtʃuəs/ 形 曲がりくねった；回りくどい.
⑧ **contort** /kəntɔ́ːrt/ 動 ゆがめる，ねじ曲げる(←完全にねじる).
⑨ **torch** /tɔ́ːrtʃ/ 名 懐中電灯；トーチ，たいまつ(←ねじったもの).
⑩ **torsion** /tɔ́ːrʃən/ 名 〖機械〗ねじり，ねじれ.

tract（引く）= pull

① **at**tract　　（…の方へ引く）→引きつける
② **con**tract　（両方から引き合う）
　　　　　　　　→契約(する)
③ **abs**tract　（…から引き出す）→抽象的な
④ **ex**tract　　（外へ引き出す）→引き抜く
⑤ **dis**tract　（引き離す）
　　　　　　　　→(人)の注意をそらす
⑥ **sub**tract　（引き下ろす）→減らす
⑦ **tract**or　　（耕作機を引くもの）→トラクター

（くぎを）引きつける（attract）

例文・派生語

① **attract** /ətrǽkt/ ＜ at (= ad …の方へ) + tract (引く)＞

動 引きつける；（磁性が）引きつける：Lots of tourists are **attracted** to Kyoto. 大勢の観光客が京都に引きつけられる.
attract**ion** /ətrǽkʃən/ 名 魅力；人を引きつけるもの，アトラクション.
attract**ive** /ətrǽktɪv/ 形 人を引きつける，魅惑的な.

② **contract** /kɑ́ntrækt/ ＜ con (共に) + tract (引く)＞

名 契約：We have a five-year **contract** with this company for the supply of automobile parts. 我々はこの会社と5年間の自動車部品供給の契約を結んでいる.
── 動 契約する：The city has **contracted** with that company to build a new library. 市は新しい図書館の建設でその会社と契約した.
contract**ual** /kəntrǽktʃuəl/ 形 契約(上)の.
contract**or** /kɑ́ntræktə/ 名 契約者［企業］，請負人.

③ **abstract** /ǽbstrækt/ ＜ abs (= ab 離して) + tract (引く)＞

形 抽象的な：an **abstract** idea 抽象的な考え. ── 名 /ǽbstrækt/ 抽象芸術作品.
abstract**ion** /æbstrǽkʃən/ 名 抽象的な考え，抽象概念.

④ **extract** /ɪkstrǽkt/ ＜ex（外へ）＋tract（引く）＞

動 引き抜く；抽出する：I had a tooth **extracted** at the dentist's. 私は歯医者で歯を抜かれた. ── **名** /ékstrækt/ 抜粋，抽出物.
extract**ion** /ɪkstrǽkʃən/ **名** 抜き取り；抽出.

⑤ **distract** /dɪstrǽkt/ ＜dis（離れて）＋tract（引く）＞

動 （人）の注意をそらす，気を紛らす：Television **distracted** him from his worries. テレビで彼の心配は紛れた.
distract**ion** /dɪstrǽkʃən/ **名** 注意をそらすもの.

⑥ **subtract** /səbtrǽkt/ ＜sub（下に）＋tract（引く）＞

動 （…から）引く，減らす：**Subtract** 2 from 5, and you have 3. 5から2を引くと3になる.
subtract**ion** /səbtrǽkʃən/ **名** 引き算.

⑦ **tractor** /trǽktɚ/ ＜tract（引く）＋or（もの）＞

名 トラクター；トレーラー，牽引車：I saw a farmer plowing his field with a **tractor**. 私は農夫がトラクターで畑を耕しているのを見た.

その他の同語源の語

⑧ de**tract** /dɪtrǽkt/ **動** （…の価値）を減じる，損なう（←下へ引く）.
⑨ pro**tract** /proʊtrǽkt/ **動** 長引かせる，引き延ばす（←前に引く）.
⑩ re**tract** /rɪtrǽkt/ **動** 引っ込める，収縮させる；取り消す（←後ろに引く）.
⑪ **tract** /trǽkt/ **名** 広がり，地域.

tri (3つ) = three

① **tri**angle （3つの角）→三角形
② **tri**o 三つ組
③ **tri**vial （三叉路の→ありふれた（場所の））
　　　　　　→ささいな

三角形▶
(triangle)

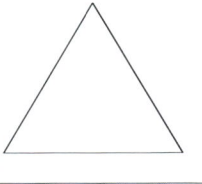

例文・派生語

① **triangle** /tráɪæŋgl/ ＜tri（3つ）＋angle（角）＞
名 三角形；トライアングル：The three interior angles of a **triangle** add up to 180 degrees. 三角形の3つの内角の和は180度である．

② **trio** /tríːoʊ/
名 三つ組；三重奏曲：I like a Mozart's **trio** for clarinet, viola and piano. 私はモーツァルトのクラリネット，ビオラ，ピアノのための三重奏曲が好きです．

③ **trivial** /tríviəl/ ＜tri（3つ）＋via（道）＋al（…に関する）＞
形 ささいな，くだらない：You should not get angry over such a **trivial** thing. そんなささいなことに腹を立てるべきではない．
trivia /tríviə/ **名** ささいなこと；雑学的知識．

その他の同語源の語

④ **tri**ple /trípl/ **形** 三重の，3倍の（←3つに折りたたむ；☞ple の項）．
⑤ **tri**pod /tráɪpɑd/ **名** 三脚；三脚台．
⑥ **tri**cycle /tráɪsɪkl/ **名** 三輪車（←3つの輪；☞circ の項）．
⑦ **tri**athlon /traɪǽθlən/ **名** トライアスロン《三種競技》．
⑧ **tri**lingual /tràɪlíŋgwəl/ **名** 3言語を話す．
⑨ **tri**color /tráɪkʌlər/ **名** 三色旗《特にフランス［アイルランド］国旗》．
⑩ **tri**logy /tríləʤi/ **名** 3部作《劇・小説・オペラなどの》（←3つの談話）．
⑪ **tri**lateral /tràɪlǽtərəl/ **形** 3者間の，3国間の．
⑫ **tri**ennial /traɪéniəl/ **形** 3年に1回の，3年ごとの．
⑬ **tri**nity /trínəti/ **名** 〔キリスト教〕三位一体；三つぞろえ．

tribute（割り当てる）= assign

① attribute （…に割り当てる）→…の結果を…のせいにする
② contribute （共に割り当てる）→寄付する
③ tribute （種族にあてがわれたもの）→尊敬の言葉
④ distribute （別々に割り当てる）→配る

例文・派生語

① **attribute** /ətríbjuːt/ ＜ at (= ad…に) + tribute (割り当てる)＞
動 …の結果を〜のせいにする：She **attributed** her success to hard work. 彼女は成功したのは努力したからだと言った. —— 名 /ǽtrəbjùːt/ 属性.

② **contribute** /kəntríbjʊt/ ＜ con (共に) + tribute (割り当てる)＞
動 寄付する；与える；寄稿する；役に立つ：She **contributed** lots of money to the hospital. 彼女はその病院に多額の金を寄付した.
contribut**ion** /kɑ̀ntrəbjúːʃən/ 名 寄付；貢献.
contribut**ory** /kəntríbjʊtɔ̀ːri/ 形 寄与する，貢献する.

③ **tribute** /tríbjuːt/
名 尊敬の言葉；貢ぎ物：They rendered **tribute** to their conqueror. 彼らは征服者に貢ぎ物をささげた.

④ **distribute** /dɪstríbjuːt/ ＜ dis (別々に) + tribute (割り当てる)＞
動 配る；配達する：At the meeting she usually **distributes** presents to the children. 彼女はいつもその会合で子供たちにプレゼントを配る.
distribut**ion** /dìstrəbjúːʃən/ 名 分配；分布.

その他の同語源の語

⑤ **retribut**ion /rètrəbjúːʃən/ 名 報い，応報（←支払い返すこと）.
⑥ **trib**e /tráɪb/ 名 部族，種族（←ローマ人を分けた３つの種族）.

uni (1つ) = one

① **uni**que　（1つの）→独特の
② **uni**ty　（1つであること）→単一性
③ **uni**t　（1つのもの）→(構成)単位
④ **uni**te　（1つにする）→統合する
⑤ **uni**fy　（1つにする）→統一する

（ユニット家具の）一点
（unit）

例文・派生語

① **unique** /juːníːk/ ＜ uni (1つ) + ique (…の)＞
形 独特の，ユニークな；珍しい：This problem is **unique** to Japan. この問題は日本独特のものである．
unique**ly** /juːníːkli/ 副 独特に，特に．
unique**ness** /juːníːknəs/ 名 独特さ，無類．

② **unity** /júːnəti/ ＜ uni (1つの) + ity (こと)＞
名 単一性；統一，まとまり：They brought about the ethnic **unity** of a race. 彼らは民族的統一を実現した．

③ **unit** /júːnɪt/ ＜ digit (数字)の形に倣って unity (単一性)から逆成したもの＞
名 (構成)単位；(ユニット家具などの)一点：The family is the basic social **unit**. 家族は社会の基本単位である．

④ **unite** /juːnáɪt/ ＜ uni (1つ) + ite (…にする)＞
動 統合する；団結させる；結合する；団結する：We should stand **united** in creating a new world. 我々は団結して新しい世界を作るべきだ．
uni**on** /júːnjən/ 名 組合；結合．
unit**ed** /juːnáɪtɪd/ 形 団結した，連合した．

⑤ **unify** /júːnəfàɪ/ ＜uni（1つ）＋fy（…にする）＞

動 統一する： West and East Germany were **unified** in 1990. 東西両ドイツは1990年に統一された.
uni**fication** /jùːnəfɪkéɪʃən/ **名** 統一.

その他の同語源の 語

⑥ **uni**form /júːnəfɚm/ **名** 制服，ユニフォーム（←1つの形；☞ form の項）.
⑦ **uni**versity /jùːnəvɚ́ːsəti/ **名** 総合大学（←1つにまとまった社会；☞ verse の項）.
⑧ **uni**verse /júːnəvɚːs/ **名** 宇宙；領域（←1つにまとまったもの；☞ verse の項）.
⑨ **uni**cycle /júːnɪsàɪkl/ **名** （曲芸用）一輪車（←1つの輪；☞ circ の項）.
⑩ **uni**lateral /jùːnɪlǽtərəl/ **形** 1面の；一方的な（←1つの側面の）.
⑪ **un**animous /juːnǽnəməs/ **形** 満場一致の（←1つの心の）.

vent (来る) = come

① e**vent** (外に出てくる(こと)) →出来事
② pre**vent** (先に来る) →防ぐ
③ con**vent**ion (集まること) →世間のしきたり
④ inter**vent**ion (間に入ること) →介入
⑤ ad**vent**ure (出来事) →冒険
⑥ in**vent** (出くわす) →発明する
⑦ **vent**ure (出来事→冒険) →事業

例文・派生語

① event /ɪvént/ ＜ e (= ex 外に) + vent (来る) ＞

名 出来事；行事：What were the chief **events** of last year? 昨年の主な出来事は何でしたか．
event**ual** /ɪvéntʃuəl/ 形 いつかは起きる．event**ually** /ɪvéntʃuəli/ 副 結局(は)．

② prevent /prɪvént/ ＜ pre (先に) + vent (来る) ＞

動 妨害する，防ぐ：How can we **prevent** this disease from spreading? どうすればこの病気が広がるのを防ぐことができるだろうか．
prevent**ion** /prɪvénʃən/ 名 止めること，防止．prevent**ive** /prɪvéntɪv/ 形 予防の．

③ convention /kənvénʃən/ ＜ con (共に) + vent (来る) + ion (こと) ＞

名 大会；世間のしきたり：Her neighbors were shocked by her nonobservance of social **conventions**. 近所の人達は彼女が世間のしきたりを無視したことで衝撃を受けた．
convention**al** /kənvénʃ(ə)nəl/ 形 伝統的な；在来の．conven**e** /kənvíːn/ 動 会合する．

④ intervention /ìntɚvénʃən/ ＜ inter (間に) + vent (来る) + ion (こと) ＞

名 介入；仲裁：We oppose France's military **intervention** in this dispute. 我々はこの紛争にフランスが軍事介入するのには反対である．
interven**e** /ìntɚvíːn/ 動 介入する；仲裁する．

⑤ **adventure** /ədvéntʃɚ/ ＜ad（…に）＋vent（来る）＋ure（こと）＞

名 冒険，はらはらするような経験：We experienced some exciting **adventures** in the mountains. 私達は山中でわくわくするような冒険を体験した．
advent**urous** /ədvéntʃ(ə)rəs/ **形** 冒険好きな；冒険的な．
adventur**er** /ədvéntʃ(ə)rɚ/ **名** 冒険家．

⑥ **invent** /ɪnvént/ ＜in（中に）＋vent（来る）＞

動 発明する：Do you know who **invented** television? テレビを発明したのはだれだか知っていますか．
invent**ion** /ɪnvénʃən/ **名** 発明品；発明．
invent**ive** /ɪnvéntɪv/ **形** 発明の才能のある．
invent**or** /ɪnvéntɚ/ **名** 発明家．
invent**ory** /ínvəntɔ̀ːri/ **名** 目録（←見つかった物の一覧表）．

⑦ **venture** /véntʃɚ/ ＜vent（来る）＋ure（こと）＞ ＊adventure の語頭音消失．

名 事業：The company entered into a joint **venture** with a foreign firm. その会社は外資系会社と組んで合弁事業に乗り出した．
— **動** 思い切って言う，危険を冒して行く：If I may **venture** an opinion, we should leave right away. あえて意見を言わせてもらえば，すぐ出発した方がよいでしょう．

その他の同語源の語

⑧ ad**vent** /ǽdvent/ **名** 出現，到来（←…に来る（こと））．
⑨ sub**vent**ion /səbvénʃən/ **名** 補助金，助成金（←下から助けに来るもの）．
⑩ a**ven**ue /ǽvən(j)ùː/ **名** 大通り；並木道（←…に来る（道））．
⑪ con**ven**ient /kənvíːnjənt/ **形** 便利な，都合のよい（←一緒に居合わせる←一緒に来る）．
　conven**ience** /kənvíːnjəns/ **名** 好都合，便利さ．
⑫ **ven**ue /vénjuː/ **名** 開催予定地（←人が来る所）．
⑬ re**ven**ue /révən(j)ùː/ **名** 収入，歳入（←戻って来るもの）．
⑭ sou**ven**ir /súːvəniɚ, sùːvəníɚ/ **名** 記念品，土産（←意識に来るもの）．
⑮ super**vene** /sùːpɚvíːn/ **動** 生じる，併発する（←加えて来る）．

verse（向く）= turn

①	uni**vers**ity	（1つにまとまった社会）→総合大学
②	con**vers**ation	（一緒に向かい合うこと）→会話
③	**vers**ion	（向きを変えること）→…版
④	anni**vers**ary	（毎年巡ってくる日）→記念日
⑤	contro**vers**y	（反対の方向に向けられたこと）→論争
⑥	re**verse**	（後ろに向く）→逆転させる
⑦	uni**verse**	（1つにまとまったもの）→宇宙
⑧	ad**verse**	（…の方を向く）→不利な
⑨	di**verse**	（別々の方向に向いた）→さまざまの
⑩	**verse**	（すきの方向転換→列，行）→韻文

例文・派生語

① **university** /jùːnəvˈɚːsəti/ ＜ uni（1つ）+ vers（向く）+ ity（こと）＞
名 総合大学，大学：He is studying physics at the **University** of Chicago. 彼はシカゴ大学で物理学を学んでいます．

② **conversation** /kὰnvɚséɪʃən/ ＜ con（共に）+ vers（向く）+ ation（こと）＞
名 会話：We enjoyed a **conversation** over a cup of coffee. 私たちはコーヒーを飲みながら会話を楽しんだ．
conversational /kὰnvɚséɪʃ(ə)nəl/ **形** 会話の；会話体の．
converse /kənvˈɚːs/ **動** 会話する．

③ **version** /vˈɚːʒən/ ＜ vers（向く）+ ion（こと）＞
名 …版，バージョン；説明；翻訳書：A new **version** of this software will be released soon. このソフトの新しいバージョンが間もなく出ます．

④ **anniversary** /ænəvˈɚːs(ə)ri/ ＜ anni（年）+ vers（回ってくる）+ ary（もの）＞
名 記念日：We celebrated our wedding **anniversary** by dining at a restaurant. 私たちは結婚記念日をレストランで食事して祝った．

語根で覚える英単語

⑤ **controversy** /kάntrəvɚ̀ːsi/ ＜ contro（反対に）＋ vers（向く）＋ y（こと）＞
名 論争, 論議：That new theory aroused a great deal of **controversy**. その新説は多くの論議を呼んだ.

⑥ **reverse** /rɪvɚ́ːs/ ＜ re（後ろに）＋ verse（向く）＞
動 逆転させる, 大転換する；逆にする：The decision was **reversed**. 判決が逆転された. ── 名 逆；裏. ── 形 逆の.
rever**s**ible /rɪvɚ́ːsəbl/ 形 逆にできる，（服が）リバーシブルの.

⑦ **universe** /júːnəvɚ̀ːs/ ＜ uni（1つ）＋ verse（向いた）＞
名 宇宙；全世界；領域：The **universe** is said to be expanding. 宇宙は広がりつつあると言われている.
univer**s**al /jùːnəvɚ́ːs(ə)l/ 形 全世界の；普遍的な.

⑧ **adverse** /ædvɚ́ːs, ǽdvɚːs/ ＜ ad（…の方へ）＋ verse（向く）＞
形 不利な, 都合の悪い；有害な：The judgment was **adverse** to us. その判決は我々にとって不利だった.

⑨ **diverse** /dɪvɚ́ːs/ ＜ di（= dis 離れて）＋ verse（向く）＞
形 さまざまの, 種々の：The participants were very **diverse** in their views. 参加者の考え方は実にさまざまであった.

⑩ **verse** /vɚ́ːs/
名 韻文, 詩：The story is written in **verse**. その物語は韻文で書かれている.

その他の同語源の語

⑪ di**vorce** /dɪvɔ́ɚs/ 名 離婚；動 離婚する（←別々に向く）.
⑫ **vers**us /vɚ́ːsəs/ 前 …対〜, …に対して（←…に向かって）.
⑬ **vers**atile /vɚ́ːsətl/ 形 多才の, 用途の広い（←いろいろな方向に向く）.
⑭ per**verse** /pɚ(ː)vɚ́ːs/ 形 つむじ曲がりの（←非常に曲がった）.
⑮ tra**verse** /trəvɚ́ːs/ 動 横切る, 横断する（←越えて向かう）.
⑯ ob**verse** /άbvɚːs/ 名 表, 表面；正反対（←反対に向いた）.
⑰ **verse**d /vɚ́ːst/ 形 熟達した, 精通した（←向いている）.

vert（向ける）= turn

① **ad**vert**ise** （…に注意を向ける）→広告する
② con**vert** （完全に向ける）→変える
③ a**vert** （離れて向ける）→避ける
④ di**vert** （向こうへ向ける）→そらす
⑤ **vert**ical （頂点に向けた）→垂直の

広告する (advertise)

例文・派生語

① **advertise** /ǽdvɚtàɪz/ ＜ ad（…に）＋ vert（向ける）＋ ise（…にする）＞

動 広告する，宣伝する：They **advertised** their house for sale. 彼らは家を売る広告を出した．
advertise**ment** /ædvɚtáɪzmənt, ədvɚ́ːtɪz-/ **名** 広告，宣伝．
advertis**er** /ǽdvɚtàɪzɚ/ **名** 広告主．
advertis**ing** /ǽdvɚtàɪzɪŋ/ **名** 広告；広告業．

② **convert** /kənvɚ́ːt/ ＜ con（完全に）＋ vert（向ける）＞

動 変える，改造する；改宗させる：We have **converted** the guest bedroom into a living room. 私たちは客用の寝室を居間に改造した． ── **名** /kάnvɚːt/ 改宗者．
conver**sion** /kənvɚ́ːʒən/ **名** 変えること，変換；換算．
convert**er** /kənvɚ́ːtɚ/ **名** 変換器，チャンネル変換装置．
convert**ible** /kənvɚ́ːtəbl/ **名** オープンカー；**形** 変えられる，改造できる．

③ **avert** /əvɚ́ːt/ ＜ a（= ab …から）＋ vert（向ける）＞

動 避ける，防ぐ；背ける：I narrowly **averted** an accident. 私はかろうじて事故を防いだ．

④ **divert** /dɪvɚ́ːt/ ＜ di（離れて）＋ vert（向ける）＞

動 そらす，進路を変える：The flow of the river was **diverted** from east to south. 川の流れは東から南へ変えられた．
diver**sion** /dɪvɚ́ːʒən/ **名** そらすこと；転換．

語根で覚える英単語

⑤ **vertical** /vɚ́ːtɪk(ə)l/ ＜vert（向ける）＋ical（…のような）＞

形 垂直の，縦の：This aircraft can make a **vertical** takeoff like a helicopter. この航空機はヘリコプターのように垂直に離陸できる．

その他の同語源の語

⑥ in**vert** /ɪnvɚ́ːt/ 動 逆にする，反対にする（←中に向ける）．
⑦ per**vert** /pɚvɚ́ːt/ 動 邪道に導く；悪用する（←完全に曲げる）．
⑧ re**vert** /rɪvɚ́ːt/ 動 返る，戻る（←元へ向ける）．
⑨ sub**vert** /səbvɚ́ːt/ 動 覆(くつがえ)す，打倒する（←下から向きを変える）．
⑩ extro**vert** /ékstrəvɚ̀ːt/ 名 外交性の人，社交家（←外へ向ける）．
⑪ intro**vert** /íntrəvɚ̀ːt/ 名 内向性の人，内省的な人（←内へ向ける）．
⑫ **vert**igo /vɚ́ːtɪɡòu/ 名 めまい（←回っている気分）．
⑬ **vert**ex /vɚ́ːteks/ 名 頂点，頂上（←つむじ←渦巻き←回るもの）．
⑭ **vort**ex /vɔ́ɚteks/ 名 渦，渦巻き；旋風（←回るもの）．

vis（見る）= see

① **vis**it　（見に行く）→会いに行く；訪問
② **vis**ible　目に見える
③ **vis**ion　（見えること）→視力
④ **vis**ual　視覚による
⑤ ad**vis**e　（…の方を見る）→（人）に忠告する
⑥ re**vis**e　（再び見る）→改訂する
⑦ super**vis**e　（上から見る）→監督する
⑧ **vis**a　（見られた）→ビザ

（肉眼で）見える（visible）星

例文・派生語

① **visit** /vízɪt/

動 （人）に会いに行く，訪問する；（場所）を訪れる：I **visited** my friend Bill last Sunday. 私はこの前の日曜日に友人のビルに会いに行った．
── 名 訪問；滞在：My first **visit** to Britain was a deeply emotional experience. 初めてのイギリス訪問は非常に感動的な経験となった．
　visitation /vɪzətéɪʃən/ 名 公式視察．
　visitor /vízɪtɚ/ 名 訪問客；観光客．

② **visible** /vízəbl/ ＜vis（見る）+ ible（…されうる）＞

形 目に見える：This star is visible to the naked eye. この星は肉眼で見える．
（⇔ **in**visible 形 目に見えない）
　visibility /vɪzəbíləti/ 名 見渡せる範囲，見晴らし．

③ **vision** /víʒən/ ＜vis（見る）+ ion（こと）＞

名 視力；見通す力，展望：You have normal **vision**. あなたは正常な視力を持っている．
　visionary /víʒənèri/ 形 想像力のある，ビジョンを持っている．
　television /téləvìʒən/ 名 テレビ（←遠くの像を見ること）．

④ **visual** /ví3uəl/ ＜vis（見る）＋al（…に関する）＞

形 視覚による： It produced strange **visual** effects. それは奇妙な視覚効果を生み出した． visua**lize** /ví3uəlàız/ 動 心に描く． visual**ly** /ví3uəli/ 副 視覚的には．

⑤ **advise** /ədváız/ ＜ad（…の方を）＋vise（見る）＞

動 （人）に忠告する，助言する： He **advised** me about this problem. 彼はこの問題について私に忠告してくれた．
adv**ice** /ədváıs/ 名 忠告，助言．
advis**er** /ədváızɚ/ 名 助言者，顧問．

⑥ **revise** /rıváız/ ＜re（再び）＋vise（見る）＞

動 修正する；改訂する： He **revised** his opinion. 彼は自説を修正した．
revis**ion** /rıví3ən/ 名 修正，見直し；改訂．

⑦ **supervise** /súːpɚvàız/ ＜super（上から）＋vise（見る）＞

動 監督する： He **supervised** the workers repairing the bridge. 彼は作業員が橋の修理をするのを監督した．
supervis**ion** /sùːpɚví3ən/ 名 監督． supervis**or** /súːpɚvàızɚ/ 名 監督者．

⑧ **visa** /víːzə/

名 ビザ，査証： I applied for a tourist **visa** to China. 私は中国の観光ビザを申請した．

その他の同語源の語

⑨ pro**vis**ion /prəví3ən/ 名 供給；用意；食糧（←前もって見ること）．
⑩ en**vis**age /ınvízıʤ/ 動 心に描く；予測する（←顔をまともに見る）．
⑪ impro**vise** /ímprəvàız/ 動 間に合わせに作る（←見通していない）．
⑫ **vis**ta /vístə/ 名 見通し，眺め．
⑬ pro**vis**o /prəváızou/ 名 但し書き，条件（←前もって見ておいたもの）．
⑭ **vi**ew /vjúː/ 名 意見；見方；視界；眺め．
⑮ e**vi**dence /évədəns/ 名 証拠（←はっきり見えるもの）．
⑯ **vi**deo /vídiòu/ 名 ビデオ（←見る（こと））．
⑰ en**vy** /énvi/ 動 うらやむ； 名 ねたみ（←斜めに見る（こと））．

viv (生きる) = live

① sur**viv**e （…を越えて生きる）→後まで生き残る
② re**viv**e （再び生きる）→生き返る
③ **viv**id （生きている）→生き生きとした

例文・派生語

① survive /sərváɪv/ ＜ sur (= super …を越えて) + vive (生きる)＞

動 後まで生き残る，（災害など）を切り抜ける；…より長生きする：Our ship sur-vived the storm with minor damage. 我々の船は軽度の被害を受けただけで嵐(あらし)を切り抜けた．
survival /sərváɪv(ə)l/ **名** 生き残ること，生存．
survivor /sərváɪvər/ **名** 生き残った人，生存者．

② revive /rɪváɪv/ ＜ re (再び) + vive (生きる)＞

動 生き返る，回復する；生き返らせる：The flowers revived after the rain. 花は雨のあと生き返った．
revival /rɪváɪv(ə)l/ **名** 復活，復興；回復．

③ vivid /vívɪd/ ＜ viv (生きる) + id (…している)＞

形 生き生きとした，生々しい；鮮やかな：The event still remains vivid in my memory. その出来事は今でも私の記憶に生々しく残っている．

その他の同語源の語

④ **viv**acious /vɪvéɪʃəs/ **形** 元気のある，はつらつとした．
⑤ **viv**isection /vìvəsékʃən/ **名** 生体解剖（←生き物を切ること）．
⑥ con**viv**ial /kənvívɪəl/ **形** 陽気な；懇親的な（←共に生き生きとする）．
⑦ **vit**al /váɪtl/ **形** きわめて重大な，不可欠な（←生命にかかわる）．
⑧ **vit**amin /váɪtəmɪn/ **名** ビタミン（←生命を保つアミノ酸）．

＊ビタミン類は以前，アミノ酸を含んでいると考えられていた．

volve (回る) = turn

① involve （中に巻く）→ 巻き込む
② revolve （再び回る）→ 回転する
③ evolve （外に展開する）→ 進化する

回転する (revolve)

例文・派生語

① **involve** /ɪnvάlv/ ＜in (中に) + volve (回る)＞
動 巻き込む；含む： Don't **involve** me in your troubles! 私をあなたのもめごとに巻き込まないでくれ．
involve**ment** /ɪnvάlvmənt/ 名 巻きこむ [まれる] こと，巻き添え．
involv**ed** /ɪnvάlvd/ 形 かかわり合いを持っている；複雑な；熱中して．

② **revolve** /rɪvάlv/ ＜re (再び) + volve (回る)＞
動 回転する；展開する： The planets **revolve** around the sun. 惑星は太陽の周りを回る．
revol**ution** /rèvəlúːʃən/ 名 革命 (←体制が変わること)；回転．
revolution**ary** /rèvəlúːʃənèri/ 形 革命の．
revolution**ize** /rèvəlúːʃənàɪz/ 動 …に大変革をもたらす．
revolv**er** /rɪvάlvɚ/ 名 (回転式) 連発ピストル，リボルバー．

③ **evolve** /ɪvάlv/ ＜e (= ex 外に) + volve (回る)＞
動 進化する；発展する： What has man **evolved** from? 人間は何から進化したのだろうか．
evol**ution** /èvəlúːʃən/ 名 進化；発展．
evolution**ary** /èvəlúːʃənèri/ 形 進化の；発展的な．

その他の同語源の語

④ de**volve** /dɪvάlv/ 動 (職責が) 移る；委譲する (←下の者に回す)．
⑤ re**volt** /rɪvóʊlt/ 名 反乱；動 反乱を起こす (←背を向ける)．
⑥ **vol**ume /vάljʊm/ 名 音量；量；巻 (←巻物)．

索引

*赤い文字は主見出し語とその掲載ページを示す
*黒い文字はその他の同語源の語と派生語およびその掲載ページを示す

A
abduct 32
abject 61
abrupt 116
abruptly 116
abruptness 116
absence 129
absent 129
absentee 129
abstain 147
abstention 147
abstract 156
abstraction 156
accede 12
accept 15
acceptable 15
acceptance 15
access 11
accessible 11
accession 11
accessory 11
accomplice 96
accord 22
accordance 22
according to 22
accordingly 22
accordion 23
accuracy 27
accurate 27
accurately 27
act 2
acting 2
action 2
activate 3
active 2

activist 2
activity 2
actor 2
actress 2
actual 2
actuality 2
actually 2
adjective 61
adjourn 62
adjournment 62
administer 75
administration 75
administrative 75
administrator 75
admirable 76
admiration 76
admire 76
admirer 76
admissible 78
admission 78
admit 78
admittance 78
advent 163
adventure 163
adventurer 163
adventurous 163
adverse 165
advertise 166
advertisement 166
advertiser 166
advertising 166
advice 169
advise 169
adviser 169
affect 36

affection 36
affectionate 36
affinity 43
affluence 45
affluent 45
aggression 56
aggressive 56
aggressively 56
aggressiveness 56
aggressor 56
altimeter 73
ammeter 73
amount 82
amphibious 7
ancestor 11
ancestral 11
ancestry 11
anemometer 73
anniversary 164
antecedent 12
antibiotic 7
anticipate 15
apart 84
apartment 85
appeal 89
append 91
appendage 91
appendix 91
application 97
apply 97
appoint 100
appointment 100
approbation 111
approve 111
arrival 114

arrive 114
artifact 35
artificial 41
ascribe 120
aspect 135
assent 127
assign 131
assignment 131
assist 132
assistance 132
assistant 132
assume 144
assumption 144
asterisk 5
asteroid 5
astrologer 4
astrological 4
astrology 4
astronaut 4
astronomer 4
astronomical 4
astronomy 4
attend 148
attendance 148
attendant 148
attention 148
attentive 148
attest 152
attract 156
attraction 156
attractive 156
attribute 159
auto 6
autobiographical 55
autobiography 6, 7, 55
autocrat 6
autograph 6, 55
automate 6
automatic 6
automation 6
automobile 6, 81
autonomy 6
avenue 163
avert 166

B
bankrupt 116
bankruptcy 116
barometer 72
barometric 72
benediction 29
benefactor 35
benefit 41
bicentennial 17
bicycle 19
biochemistry 7
biographer 7
biographical 55
biography 7, 55
biological 7
biologist 7
biology 7
biorhythm 7
biosphere 7
biotechnology 7
blueprint 108
bypass 87
bystander 139

C
calligraphy 55
cap 8
capability 9
capable 9
capacity 9
cape 8
capital 8
capitalism 8
capitalist 8
capitalistic 8
capitalize 8
capsize 8
captain 8
caption 9
captive 9
captivity 9
capture 9
cease 10
cease-fire 10
ceaseless 10
cede 12

cent 16
centenarian 17
centennial 17
centigrade 17
centigram 17
centimeter 16, 72
centipede 17, 88
century 16
cessation 10
chapter 8
circle 18
circuit 18
circuitous 18
circular 18
circulate 18
circulation 18
circumference 19, 39
circumscribe 19, 121
circumscription 19
circumspect 135
circumstance 19, 138
circumstantial 138
circumvent 19
circumvention 19
circus 18
clinometer 73
closet 20
closure 20
collaborate 63
collaboration 63
collaborative 63
collaborator 63
colleague 65
collect 64
collection 64
collective 64
collector 64
college 65
command 69
commission 78
commit 78
commitment 78
committee 79
commotion 81
compartment 85

173

compass 87
compel 89
compensate 92
compensation 92
compensatory 92
complex 94
complexity 94
complicate 96
complicated 96
complication 96
complicity 96
compose 105
composite 105
composition 105
compress 107
compression 107
compressor 107
compromise 77
concede 12
conceivable 14
conceive 14
concept 15
conception 14
concession 12
conclude 21
conclusion 21
conclusive 21
concord 23
concordance 23
concur 25
concurrence 25
concurrent 25
conduct 32
conductor 32
confection 37
confectioner 37
confectionery 37
confer 39
conference 39
confine 43
confinement 43
confluence 45
conform 47
conformist 47
conformity 47

confuse 48
confused 48
confusing 48
confusion 48
congress 57
congressional 57
congressman 57
congresswoman 57
conifer 39
conjecture 61
conscript 122
consensus 124
consent 126
consider 5
considerable 5
considerably 5
considerate 5
consideration 5
considering 5
consign 131
consist 132
consistency 133
consistent 133
consistently 133
conspicuous 135
constant 139
constellation 5
constituency 140
constituent 140
constitute 140
constitution 140
constitutional 140
construct 142
construction 142
constructive 142
consume 144
consumer 144
consuming 144
consumption 144
contain 146
container 146
contend 149
contention 149
contentious 149
contest 152

context 153
contextual 153
contort 155
contract 156
contractor 156
contractual 156
contradict 29
contradiction 29
contradictory 29
contribute 159
contribution 159
contributory 159
controversy 165
convene 162
convenience 163
convenient 163
convention 162
conventional 162
conversation 164
conversational 164
converse 164
conversion 166
convert 166
converter 166
convertible 166
convivial 170
cordial 23
cordiality 23
core 23
correct 112
correction 112
corrective 112
correctly 112
corrupt 116
corruption 116
coterminous 151
counteract 3
counteraction 3
courage 23
curable 26
curative 26
curator 27
cure 26
curio 26
curiosity 26

174

curious 26
curiously 26
currency 24
current 24
currently 24
curriculum 25
cursor 25
cycle 19
cyclic 19
cycling 19
cyclone 19
D
decapitate 8
deceased 10
deceit 14
deceitful 14
deceive 14
deception 14
deceptive 14
deduce 31
deduct 32
deduction 31, 32
defect 37
defective 37
defer 39
deficiency 41
deficient 41
deficit 40
define 43
definite 43
definitely 43
definition 43
deform 47
degenerate 50
degrade 52
degree 52
dejected 61
demand 69
demote 81
depart 85
department 84
depend 90
dependable 90
dependence 90
dependency 90

dependent 90
deploy 99
deport 103
depose 105
deposit 105
depress 107
depressed 107
depressing 107
depression 107
derivable 115
derivation 115
derivative 115
derive 115
describe 120
description 120
descriptive 120
design 131
designate 131
designation 131
desirable 5
desire 5
desist 133
despise 135
despite 135
destitute 141
destitution 141
destroy 143
destruct 143
destruction 142
destructive 143
detain 147
detainee 147
detention 147
determinant 150
determination 150
determine 150
determined 150
detest 152
detract 157
devolve 171
diagram 53
dialect 65
diameter 73
diametrical 73
diametrically 73

dictate 28
dictation 29
dictator 29
dictatorship 29
dictionary 28
dictum 29
differ 39
difference 39
different 39
differentiate 39
difficult 40
difficulty 40
diffuse 48
diffusion 48
digress 57
diligent 65
diminish 75
diminution 75
diploma 98
diplomacy 99
diplomat 99
diplomatic 98
direct 112
direction 112
directive 113
directly 112
director 113
directory 113
disappoint 100
disappointed 100
disappointment 100
disaster 4
disastrous 4
disclose 20
disclosure 20
discord 22
discourage 23
discursive 25
dismiss 77
dismissal 77
dismount 83
dispel 89
dispensable 92
dispense 92
display 99

dispose 105
disrupt 116
disruption 116
dissent 126
distance 138
distant 138, 139
distend 149
distort 154
distortion 154
distract 157
distraction 157
distribute 159
distribution 159
diverse 165
diversion 166
divert 166
divorce 165
double 95
duct 32
duplex 95
duplicate 96
E
eclectic 65
ecstasy 137
edict 29
educate 31
educated 31
education 31
educational 31
educator 31
effect 36
effective 36
effectively 36
efficiency 40
efficient 40
effluent 45
egress 57
eject 61
ejection 61
elaborate 63
elaborately 63
elaboration 63
elect 64
election 64
elective 64

elector 64
electoral 64
electorate 64
elegant 65
eligible 65
elite 65
emancipate 69
emission 79
emit 79
emotion 80
emotional 80
emotive 80
employ 98
employee 98
employer 98
employment 98
enact 3
enactment 3
encircle 19
encirclement 19
enclose 20
enclosure 20
encourage 23
encyclopedia 19
encyclopedic 19
engender 51
engine 51
engineer 51
ensign 131
entertain 146
entertainer 146
entertainment 146
envisage 169
envy 169
epigram 53
erect 113
erection 113
erupt 117
eruption 117
essence 129
essential 129
essentially 129
establish 137
estate 137
event 162

eventual 162
eventually 162
evidence 169
evolution 171
evolutionary 171
evolve 171
exact 3
exactitude 3
exactly 3
exceed 13
exceedingly 13
except 15
exception 15
exceptional 15
excess 13
excessive 13
exclude 21
excluding 21
exclusion 21
exclusive 21
exclusively 21
excursion 24
exist 133
existence 133
existing 133
expect 134
expedient 88
expedition 88
expel 89
expend 91
expenditure 91
expense 92
expensive 92
explicit 96
exploit 98
exploitation 98
export 102
exportation 102
exporter 102
expose 104
express 106
expression 106
expressive 106
expulsion 89
extend 149

extension 149
extensive 149
extent 149
exterminate 151
extermination 151
extort 155
extortion 155
extract 157
extraction 157
extrasensory 125
extrovert 167
F
facile 35
facilitate 35
facility 35
facsimile 35
fact 34
faction 35
factional 35
factitious 35
factor 34
factory 34
factual 34
faculty 35
fertile 39
fertilizer 39
fiction 41
fictional 41
fictitious 41
final 42
finale 43
finalist 42
finality 42
finalize 42
finally 42
finance 43
financial 43
financially 43
fine 42
fingerprint 108
finish 43
finite 43
flood 45
flowchart 45
fluctuate 45

fluent 44
fluently 45
fluid 44
flume 45
flux 45
footprint 108
form 46
formal 46
formality 46
formalize 46
formally 46
format 47
formation 46
formula 47
formulate 47
fuse 49
fusion 49
G
gender 51
gene 51
general 50
generality 51
generalize 51
generally 51
generate 50
generation 50
generosity 51
generous 51
genesis 51
genial 51
genius 51
genre 51
genteel 51
gentle 51
gentleman 51
gentleness 51
gently 51
gentry 51
genuine 51
geographical 55
geography 55
geometric(al) 73
geometry 73
gradation 52
grade 52

gradient 52
gradual 52
gradually 52
graduate 52
grammar 53
grammatical 53
graph 54
graphic 54
H
haphazard 58
hapless 58
happen 58
happening 58
happily 58
happiness 58
happy 58
hospice 59
hospitable 59
hospital 59
hospitality 59
hospitalize 59
host 59
hostage 59
hostel 59
hostess 59
hostile 59
hostility 59
hotel 59
hydrogen 51
I
immediate 71
immediately 71
impart 85
impede 88
impel 89
impending 91
imperceptible 14
imperfect 36
implication 97
implicit 96
imply 97
import 102
important 102
importation 102
importer 102

177

impose 104
impress 106
impression 107
impressionist 107
impressive 107
imprint 108
improvise 169
impulse 89
inaccurate 27
inactive 2
incapable 9
incapacity 9
include 21
including 21
inclusion 21
inclusive 21
inconclusive 21
incorrect 112
incur 25
incurable 26
independence 90
independent 90
independently 90
indescribable 120
indict 29
indictment 29
indirect 112
indirectly 113
indispensable 92
induce 31
inducement 31
induct 32
induction 32
industry 143
ineffective 36
inefficient 40
inexact 3
infect 37
infection 37
infectious 37
infer 39
inference 39
infinite 43
infinitely 43
infinitive 43

infinity 43
influence 44
influential 44
influenza 45
influx 45
inform 46
informal 46
information 46
infuse 49
infusion 49
ingredient 57
ingress 57
inject 61
injection 61
inscribe 121
inscription 121
insecurity 27
insensate 125
insist 132
insistence 132
insistent 132
inspect 134
instance 138
instant 139
institute 140
institution 140
institutional 140
instruct 143
instruction 143
instructive 143
instructor 143
instrument 143
insufficient 41
intellect 65
intellectual 65
intelligent 65
intend 148
intensify 149
intention 148
intentional 148
interact 3
interaction 3
interactive 3
intercede 12
intercept 15

interdict 29
interjection 61
intermediate 71
interminable 151
intermittent 79
interpose 105
interrupt 117
interruption 117
interstellar 5
intervene 162
intervention 162
introduce 30
introduction 30
introductory 30
introspect 135
introvert 167
invent 163
invention 163
inventive 163
inventor 163
inventory 163
invert 167
involve 171
involved 171
involvement 171
J
jet 61
journal 62
journalism 62
journalist 62
journalistic 62
journey 62
journeyman 62
jurisdiction 29
K
kilometer 72
L
labor 63
laboratory 63
laborer 63
laborious 63
labour 63
labourer 63
lecture 65
lecturer 65

legend 65
locomotive 81
M
magistrate 66
magnanimous 66
magnate 66
magnification 66
magnificence 66
magnificent 41, 66
magnifier 66
magnify 66
magnitude 66
maintain 69, 146
maintenance 146
majestic 67
majesty 67
major 67
majority 67
malediction 29
malefactor 35
manacle 69
manage 68
management 68
manager 68
mandate 69
mandatory 69
maneuver 69
manicure 27, 69
manifest 69
manifesto 69
manipulate 69
manipulation 69
manner 68
manual 68
manufacture 35, 68
manufacturer 35, 68
manufacturing 35
manure 69
manuscript 69, 122
marvel 76
marvelous 76
master 66
maximum 66
mayor 67
mayoral 67

mean 71
means 71
meantime 71
meanwhile 71
media 70
median 71
mediate 71
mediation 71
mediator 71
medieval 70
mediocre 71
Mediterranean 71
medium 70
megalopolis 101
message 77
messenger 77
meter 72
metropolis 101
microbe 7
midday 71
middle 71
midnight 71
midst 71
midsummer 71
midtown 71
midway 71
midweek 71
Midwest 71
millimeter 72
millipede 88
mince 75
miniature 75
minimal 75
minimize 75
minimum 74
minister 75
ministerial 75
ministry 75
minor 74
minority 74
minus 75
minute 形 74
minute 名 74
miracle 76
miraculous 76

mirage 76
mirror 76
missile 77
mission 77
mob 81
mobile 81
mobilize 81
montage 83
Montana 83
motion 80
motivate 81
motivation 81
motive 81
motor 80
motorbike 80
motorboat 80
motorcar 80
motorcycle 80
motorist 80
motorway 80
mount 82
mountain 82
mountaineer 82
mountainous 82
mountainside 82
mounted 82
move 80
movement 80
multiple 94
multiplex 95
multiplication 95
multiplicity 95
multiply 95, 97
N
necessarily 11
necessary 11
neglect 65
neglectful 65
nitrogen 51
nonsense 125
nonsensical 125
O
object 60
objection 60
objective 60

obstacle 137
obstruct 143
obstruction 143
obtain 146
obtainable 146
obverse 165
occur 24
occurrence 24
odometer 73
offer 38
offering 38
office 40
officer 40
official 40
officially 40
omission 79
omit 79
opportunity 103
oppose 105
opposite 105
oppress 107
oppression 107
oppressive 107
oppressor 107
optometry 73
ostentatious 149
outstanding 139
oxygen 51
P
paragraph 54
paramount 83
part 84
partake 85
partial 85
partiality 85
partially 85
participant 85
participate 15, 85
participation 85
participle 85
particle 85
particular 85
particularly 85
partition 85
partly 84

partner 85
partnership 85
party 84
pass 86
passage 86
passenger 87
passerby 87
passing 86
passport 87
password 87
past 86
pastime 87
pedal 88
peddler 88
pedestal 88
pedestrian 88
pedicure 27, 88
pedigree 88
pedometer 73
pendant 91
pendent 91
pending 91
pendulum 91
pension 92
pensioner 92
pentameter 73
perceive 14
percent 16
percentage 16
perceptible 14
perception 14
perceptive 14
perfect 36
perfection 37
perfectly 37
perform 47
performance 47
perhaps 58
perimeter 73
permission 78
permissive 78
permit 78
perpendicular 91
perplex 95
perplexity 95

persist 133
persistence 133
persistent 133
perspective 135
pertain 147
pertinent 147
perverse 165
pervert 167
photograph 54
photographer 54
photographic 54
photography 54
plait 99
pleat 95
pliable 96
pliant 96
pliers 96
plight 96
ply 97
plywood 97
point 100
pointy 100
police 101
policeman 101
policewoman 101
policy 101
political 101
politician 101
politicize 101
politics 101
port 103
portability 103
portable 103
portend 149
porter 103
pose 105
position 105
positive 105
post 105
postgraduate 52
postscript 122
posture 105
precede 12
precedence 12
precedent 12

180

preceding 12
precept 15
preclude 21
precursor 25
predecessor 11
predetermined 150
predict 28
predictable 28
prediction 28
prefect 37
prefectural 37
prefecture 37
prefer 38
preferable 38
preference 38
premise 77
preposition 105
prescribe 120
prescription 120
prescriptive 120
present 128
presentation 128
presenter 128
presentiment 127
press 106
pressing 106
pressure 106
presumably 145
presume 144
presumption 145
pretend 149
pretense 149
pretension 149
pretentious 149
pretext 153
prevent 162
prevention 162
preventive 162
primal 110
primary 110
primate 110
prime 110
primer 110
primeval 110
primitive 110

primordial 110
prince 110
princess 110
principal 110
principle 110
print 108
printer 108
priority 110
probable 111
probably 111
probate 111
probe 111
probity 111
procedure 13
proceed 13
proceedings 13
process 13
procession 13
processor 13
procure 27
procurement 27
produce 30
producer 30
product 30
production 30
productive 30
productivity 30
proffer 39
proficient 41
profit 41
profuse 49
profusely 49
profusion 49
program 53
programmer 53
progress 56
progression 56
progressive 56
project 60
projection 60
projector 60
promise 77
promote 81
promoter 81
promotion 81

proof 111
propel 89
propeller 89
proposal 104
propose 104
proscribe 121
prospect 134
prospective 134
prostitute 141
prostitution 141
protest 152
Protestant 152
protestation 152
protract 157
prove 111
provision 169
proviso 169
pulse 89
purport 103
purpose 104
purposeful 104
R
radiogram 53
react 3
reaction 3
reactionary 3
recede 12
receipt 14
receive 14
receiver 14
reception 14
receptionist 14
receptive 14
recess 12
recession 12
recipe 15
recollect 64
recollection 64
recompense 92
reconstruct 142
reconstruction 142
record 22
rectangle 113
rectangular 113
rectification 113

rectify 113
rectitude 113
recur 25
recurrence 25
recurrent 25
recycle 19
reduce 31
reduction 31
refer 38
referee 38
reference 38
referendum 38
refine 43
reflux 45
reform 47
reformation 47
reformer 47
refusal 48
refuse 48
regress 57
regression 57
regressive 57
reject 60
rejection 60
remission 79
remit 79
remittance 79
remote 81
remotely 81
remove 81
repel 89
replica 96
replicate 96
reply 97
report 102
reporter 102
repose 105
represent 128
representation 128
representative 128
repress 107
repression 107
repressive 107
reprint 108
reprobate 111

reproduce 31
reproduction 31
reproductive 31
reprove 111
repulse 89
resent 127
resentful 127
resentment 127
resign 131
resignation 131
resist 133
resistance 133
resistant 133
respect 134
restitution 141
restructure 143
restructuring 143
resume 144
retain 147
retention 147
retentive 147
retort 154
retract 157
retribution 159
retrograde 52
retrogressive 57
retrospect 135
revenue 163
reverse 165
reversible 165
revert 167
revise 169
revision 169
revival 170
revive 170
revolt 171
revolution 171
revolutionary 171
revolutionize 171
revolve 171
revolver 171
rival 114
rivalry 114
river 114
riverbank 114

riverbed 114
riverside 114
rupture 117
S
sacrifice 41
sacrificial 41
salad 118
salad bar 118
salad bowl 118
salad dressing 118
salad oil 118
salami 119
salaried 118
salary 118
saline 118
salt 118
salty 118
sauce 119
saucepan 119
saucer 119
saucy 119
sausage 119
scent 127
scribble 121
scribe 121
script 122
scripture 122
secede 12
seclude 21
secure 27
security 27
seduce 31
select 64
selection 64
selective 64
semicircle 19
sensation 124
sensational 124
sense 124
senseless 124
sensible 124
sensitive 124
sensor 125
sensory 124
sensuous 124

182

索 引

sentence 126
sentiment 127
sentimental 127
sidereal 5
sign 130
signal 130
signatory 131
signature 130
signet 131
significance 131
significant 131
significantly 131
signify 131
simple 94
simpleton 95
simplex 95
simplicity 94
simplify 94
simply 94
sojourn 62
souvenir 163
specimen 135
spectacle 135
spectator 135
speculate 135
speedometer 73
spend 90
sport 103
sporty 103
spy 135
stable 137
stage 136
stance 138
stand 136
standard 139
standby 139
standoff 139
standpoint 100
stant 123
state 136
statesman 136
static 137
station 136
stationary 137
stationery 137

statistical 137
statistics 137
statue 137
stature 137
status 137
statute 137
stellar 5
stenography 55
structure 142
subject 61
subjection 61
subjective 61
submission 79
submit 79
subscribe 121
subscriber 121
subscription 121
subsist 133
substance 138
substitute 140
substitution 140
substructure 142
subsume 145
subtract 157
subtraction 157
subvention 163
subvert 167
succeed 13
success 13
successful 13
successfully 13
succession 13
successive 13
successor 13
suffer 39
sufferer 39
suffering 39
suffice 41
sufficiency 41
sufficient 41
sufficiently 41
suffuse 49
suffusion 49
sumptuous 145
superfluous 45

superintend 149
superintendent 149
superstructure 142
supervene 163
supervise 169
supervision 169
supervisor 169
support 103
supporter 103
supportive 103
suppose 104
suppress 107
suppression 107
suppressor 107
surmise 77
surmount 83
surmountable 83
surpass 87
survival 170
survive 170
survivor 170
susceptible 15
suspect 135
suspend 90
suspenders 90
suspense 90
suspension 90
sustain 147
sustained 147
symmetric(al) 73
symmetry 73
T
tantamount 83
telegram 53
telegraph 55
telegraphic 55
television 168
tend 148
tendency 148
tender 149
tense 149
tension 149
tent 149
term 150
terminal 150

183

terminate 151
termination 151
terminology 151
terminus 151
testament 152
testify 152
testimony 152
text 153
textbook 153
textile 153
textual 153
texture 153
thermometer 72
torch 155
torment 155
torsion 155
tortoise 154
tortuous 155
torture 154
torturer 154
tract 157
tractor 157
transact 3
transaction 3
transcribe 121
transcript 121
transcription 121
transfer 39
transform 47
transformation 47
transgress 57
transmission 79
transmit 79
transmitter 79
transport 103
transportation 103
traverse 165
treble 95
trespass 87
triangle 158
triathlon 158
tribe 159

tribute 159
tricolor 158
tricycle 19, 158
triennial 158
trilateral 158
trilingual 158
trilogy 158
trinity 158
trio 158
triple 94, 158
tripod 158
trivia 158
trivial 158
two-ply 97
U
unanimous 161
undergraduate 52
understand 139
undesirable 5
unemployed 98
unemployment 98
ungrammatical 53
unhappily 58
unhappiness 58
unhappy 58
unicycle 19, 161
unification 161
uniform 47, 161
uniformed 47
uniformity 47
unify 161
unilateral 161
union 160
unique 160
uniquely 160
uniqueness 160
unit 160
unite 160
united 160
unity 160
universal 165
universe 161, 165

university 161, 164
unnecessary 11
unprecedented 12
V
valediction 29
venture 163
venue 163
verdict 28
Vermont 83
versatile 165
verse 165
versed 165
version 164
versus 165
vertex 167
vertical 167
vertigo 167
video 169
view 169
viewpoint 100
visa 169
visibility 168
visible 168
vision 168
visionary 168
visit 168
visitation 168
visitor 168
vista 169
visual 169
visualize 169
visually 169
vital 170
vitamin 170
vivacious 170
vivid 170
vivisection 170
vociferous 39
volume 171
vortex 167
W
withstand 139

▼参考文献

『効果的な英単語の覚え方』桜井雅人　1983 年　The Japan Times
『英単語記憶辞典』山田虎雄　1985 年　開文社出版
『基本英単語の意味』村田年　1985 年　三修社
『新編英和活用大辞典』市川繁治郎編集代表　1995 年　研究社
『英語語源辞典』寺澤芳雄編集主幹　1997 年　研究社
『語源でふえる英単語』山並陞一　2000 年　The Japan Times
『新英和大辞典』（第 6 版）竹林滋編集代表　2002 年　研究社
『日英比較英単語発想事典』奥津文夫　2002 年　三修社
『語源で増やす英単語』恒石昌志　2002 年　ベレ出版
『語源とイラストで一気に覚える英単語』清水健二著　2003 年　明日香出版社
『ルミナス英和辞典』（第 2 版）竹林滋，小島義郎，東信行，赤須薫編　2005 年　研究社
『ライトハウス英和辞典』（第 5 版）竹林滋，小島義郎，東信行，赤須薫編　2007 年　研究社

The Concise Oxford English Etymology. 1986
The Random House Unabridged Dictionary. 2nd ed. 1987
The Barnhart Dictionary of Etymology. 1988.
The American Heritage Dictionary of the English Language. 3rd ed. 1992.
The New Oxford Dictionary of English. 1998.
Encarta World English Dictionary. 1999.
Online Etymology Dictionary. 2001．

監修者紹介

東　信行(ひがし　のぶゆき)
1935年，三重県紀北町生まれ．東京外国語大学英米科卒．英語学専攻．茨城大学，東京外国語大学，電気通信大学で教える．現在，東京外国語大学名誉教授．『研究社新英和大辞典』『リーダーズ英和辞典』『新英和中辞典』『ルミナス英和辞典』『ライトハウス英和辞典』などいくつかの辞書の編集に携わる．
主な著書
『意味と語彙』（大修館書店，共著），『英語辞書の比較と分析』（研究社，共著），『アメリカ英語概説』（大修館書店，共著），『世界の辞書』（研究社，共著），『大学生の英語学習ハンドブック』（研究社，共著）．

池田　和夫(いけだ　かずお)
1951年，千葉県生まれ．茨城大学教育学部英文科卒．千葉県立浦安高校，八千代高校，千葉東高校，船橋豊富高校を経て，2004年より若松高校教諭．岩崎研究会会員，日英言語文化学会会員，NPO日本国際理解推進協会設立会員，千葉県高等学校教育研究会国際教育研究部会理事．
主な著書
『日英比較・英単語発想事典』（三修社，執筆者），『英単語にまつわる話100』（啓林館），『新高校英語へのアプローチ』，『ライトハウス英和辞典』（初版〜第5版，編集委員），『ルミナス英和辞典』（初版〜第2版，執筆者），『ルミナス英和・和英辞典 ワークシート形式辞書の使い方』，『コンパスローズ英和辞典』（執筆者），『辞書学辞典』（共訳），検定教科書 *Lighthouse English I, Lighthouse English II, Lighthouse Reading, Lighthouse Writing*（以上研究社）．

校閲者紹介

デイビッド・P・ダッチャー(David P. Dutcher)
1944年，米国ニューヨーク州ロチェスター市出身．ハワイ大学日本文学学科卒．ハーバード大学極東アジア文化学部にて論文 *Sagoromo*（『狭衣物語』）で博士号取得．専修大学，中央大学，大阪大学言語文化部所属教師を経て，現在，南九州短期大学教授・翻訳家．
主な著書と翻訳書
『Kodansha Encyclopedia of Japan（英文日本大百科事典）』（講談社，「狭衣物語」「草双紙」を執筆），『*Something Nice* ―金子みすゞ童謡詩集』（JULA出版局，翻訳と朗読（CD版）），『MISUZU TALK 3 金子みすゞをめぐって』（JULA出版局），『新編英和活用大辞典』（研究社，編集委員），『新英和大辞典第五版』（研究社，編集委員），『新和英中辞典』（第5版，研究社，編者），『新英和中辞典』（第7版，研究社，編集委員），『ルミナス和英辞典』（第2版，編集委員），『ニュースクール英和辞典』（研究社，編集委員）．

語根で覚える英単語―語源によるラクラク英単語記憶法

2008年8月1日　初版発行
2025年1月31日　10刷発行

監修者
東　信行　池田和夫

編集者
研究社辞書編集部

校閲者
ディビッド・P・ダッチャー

Ⓒ Nobuyuki Higashi, Kazuo Ikeda and David P. Dutcher, 2008

KENKYUSHA
〈検印省略〉

発行者
吉田　尚志

発行所
株式会社　研究社

〒102-8152　東京都千代田区富士見 2-11-3
電話　営業 (03) 3288-7777 (代)　　編集 (03) 3288-7711 (代)
振替　00150-9-26710
https://www.kenkyusha.co.jp/

印刷所
TOPPAN クロレ株式会社

装丁・デザイン
株式会社イオック（目崎智子）

本文イラスト
株式会社イオック（井上秀一）

ISBN 978-4-327-45214-8　C1082　Printed in Japan